EL DESARROLLO ECONÓMICO: UN MITO

por

CELSO FURTADO

siglo veintiuno editores, sa
CERRO DEL AGUA 248, MEXICO 20, D.F.

siglo veintiuno de españa editores, sa
C/PLAZA 5, MADRID 33, ESPAÑA

siglo veintiuno argentina editores, sa

siglo veintiuno de colombia, ltda
AV. 3a. 17-73 PRIMER PISO. BOGOTA, D.E. COLOMBIA

edición al cuidado de carmen valcarce

primera edición en español, 1975
sexta edición en español, 1984

ISBN 968-23-0254-4

primera edición en portugués, 1974

editora paz y terra, s. a., río de janeiro, brasil
título original: o mito do desenvolvimento económico

impreso y hecho en méxico/printed and made in mexico

economía

y

demografía

traducción de

STELLA MASTRANGELO

ÍNDICE

PREFACIO 9

CAPÍTULO I. TENDENCIAS ESTRUCTURALES DEL SISTEMA CAPITALISTA EN LA FASE DE PREDOMINIO DE LAS GRANDES EMPRESAS 13

La profecía del colapso, 13; La evolución estructural del sistema capitalista, 20; Las grandes empresas en las nuevas relaciones centro-periferia, 49; Opciones de los países periféricos, 70; El mito y el desarrollo económico, 81

CAPÍTULO II. SUBDESARROLLO Y DEPENDENCIA: LAS CONEXIONES FUNDAMENTALES 92

CAPÍTULO III. EL MODELO BRASILEÑO DE SUBDESARROLLO 115

Desarrollo y modernización, 115; El desempeño de la economía brasileña, 122; La nueva estrategia, 126

CAPÍTULO IV. OBJETIVIDAD E ILUSIONISMO EN ECONOMÍA 134

Hermano... tuya es la hacienda,
la casa, el caballo y la pistola.
Mía es la voz antigua de la tierra.
Tú te quedas con todo
y me dejas desnudo y errante por el mundo...
mas yo te dejo mudo... ¡mudo!
¿Y cómo vas a recoger el trigo
y alimentar el fuego
si yo me llevo la canción?

LEÓN FELIPE

PREFACIO

Los ensayos que forman este volumen fueron escritos durante mi estadía, como profesor visitante, en la American University (Washington, D. C.) en el segundo semestre de 1972, y en la Universidad de Cambridge durante el año lectivo de 1973-1974. El último ensayo fue escrito originalmente para el primer número del hebdomadario *Opiniao,* que circuló en octubre de 1972. El penúltimo fue escrito originalmente en inglés y presentado como conferencia en la American University en octubre de 1972. Los primeros dos ensayos fueron escritos en Cambridge: el primero es inédito, si bien retoma ideas esbozadas en trabajos anteriores, particularmente en la conferencia pronunciada en la Facultad de Economía de la Universidad de Cambridge en marzo de 1974; y el segundo fue escrito originalmente en inglés y presentado en el seminario para docentes de la Universidad de Cambridge en noviembre de 1973. Este último ensayo puede ser considerado como el núcleo teórico de los demás y constituye un nuevo esfuerzo de presentación más sistemática de las ideas sugeridas por primera vez en un artículo publicado en el número 150 de *El Trimestre Económico,* junio de 1971, y retomada en diversas oportunidades, incluso en el libro *Análise do "modelo" brasileiro,* Río, 1972.

El primer ensayo constituye un esfuerzo de captación de los aspectos fundamentales de la evolución del capitalismo en la fase de rápidas transformaciones constituida por el último cuarto de siglo. Los lectores que se hayan interesado por trabajos anteriores del autor, observarán que existen diferencias entre la visión global de la evolución reciente del sistema capitalista presentada en estos ensayos y algunas de las ideas sugeridas en estudios escritos en 1967 y 1968 y, recientemente, reimpresos en *A hegemonia dos Estados Unidos e o subdesenvolvimento da America Latina,* Río, 1973. Los estudios reunidos en el último libro citado fueron el resultado de observaciones hechas durante mi estadía en la Universidad de Yale en 1964-1965, época en que se manifestaban nítidamente tendencias policéntricas en la economía mundial con la ruptura del mundo socialista y la brecha abierta por De Gaulle en la hasta entonces rígida tutela norteamericana. Los ensayos del presente volumen son el resultado de observaciones hechas principalmente a partir de Europa, en el curso de los últimos cinco o siete años, período en que las verdaderas consecuencias del segundo conflicto mundial, en el plano económico, se manifiestan con plenitud mediante la afirmación definitiva de las grandes empresas en el marco de oligopolios internacionales, el crecimiento explosivo del mercado financiero internacional y la rápida industrialización de segmentos de la periferia del sistema capitalista en el marco del nuevo sistema de división internacional del trabajo. Las tendencias a una creciente unificación del sistema capitalista aparecen ahora con mucho mayor claridad de lo que se mostraban a mediados de la década de 1960.

Mi interés por el fenómeno de la gran empresa como elemento estructurador del capitalismo en su actual fase evolutiva lo debo, en buena parte, a un íntimo contacto intelectual con dos economistas ya fallecidos: Stephen Hymer y Maurice Byé. Hymer, a quien debemos trabajos sobre la economía internacional cuyo valor seminal es hoy universalmente reconocido, fue mi compañero en la Universidad de Yale; Byé, mi maestro de muchos años antes, me llamó la atención, en 1966, sobre la capacidad de adaptación de la gran empresa en el plano internacional. En un plano distinto, pero no menos importante, tengo una deuda con Raúl Prebisch, cuyas ideas sobre la relación centro-periferia constituyen el punto de partida de muchas de las hipótesis aquí esbozadas. Por último, deseo expresar mi agradecimiento a Osvaldo Sunkel, que dirigió mi atención hacia nuevos aspectos de las relaciones centro-periferia, y a Luciano Martins, con quien mantengo, desde hace ya varios años, un diálogo permanente sobre el sistema capitalista y sus metamorfosis.

Cambridge, junio de 1974

CAPÍTULO I

TENDENCIAS ESTRUCTURALES DEL SISTEMA CAPITALISTA EN LA FASE DE PREDOMINIO DE LAS GRANDES EMPRESAS

La profecía del colapso

Los mitos han ejercido una innegable influencia sobre la mente de los hombres que se empeñan en comprender la realidad social. Desde el *bon sauvage* con que soñaba Rousseau hasta la milenaria idea de la desaparición del Estado, en Marx, desde el "principio populacional" de Malthus hasta la concepción walrasiana del equilibrio general, los científicos sociales siempre han buscado apoyo en algún postulado enraizado en un sistema de valores que raramente llegan a hacer explícito. El mito congrega un conjunto de hipótesis que no pueden ser verificadas. Con todo, no es ésa una dificultad mayor, pues el trabajo analítico se realiza a un nivel mucho más próximo a la realidad. La función principal del mito es orientar, a nivel intuitivo, la construcción de lo que Schumpeter llamó la *visión* del proceso social, sin la cual el trabajo analítico no tendría ningún sentido. Así, los mitos funcionan como lámparas que iluminan el campo de percepción del científico social, permitiéndole tener una visión clara de ciertos problemas y no ver nada de otros, al mismo tiempo que le proporcionan tranquilidad espiritual, pues las discriminaciones valorativas que realiza aparecen a su espíritu como un *reflejo* de la realidad objetiva.[1]

La literatura sobre desarrollo económico del último cuarto de siglo nos da un ejemplo meridiano de ese papel rector de los mitos en las ciencias sociales: por lo menos el noventa por ciento de lo que ahí encontramos se basa en la idea, que se da por evidente, según la cual el *desarrollo económico,* tal como viene siendo practicado por los países que encabezaron la revolución industrial, puede ser universalizado. Más precisamente: se pretende que el nivel de consumo de la minoría de la humanidad, que actualmente vive en los países altamente industrializados, es accesible para las grandes masas de población en rápida expansión que forman el llamado tercer mundo. Esa idea constituye, con seguridad, una prolongación del mito del *progreso,* elemento esencial en la ideología rectora de la revolución burguesa, dentro de la cual nació la actual sociedad industrial.

Con el campo de visión de la realidad delimitado por esa idea rectora, los economistas pasaron a dedicar lo mejor de su imaginación a concebir complejos esquemas del proceso de acumulación de capital en el cual el impulso es dado por el progreso tecnológico, entelequia existente fuera de todo con-

[1] No es mi propósito abordar aquí la epistemología de las ciencias sociales. Desde Dilthey sabemos que las ciencias sociales "crecieron en medio de la práctica de la vida". (Cf. Wilhelm Dilthey, *Introduction a l'étude des sciences humaines,* París, 1942, p. 34.) Y Max Weber demostró claramente cómo se complementan la "explicación comprensiva" y la "comprensión explicativa" de los procesos sociales. El mito introduce en el espíritu un elemento discriminador que perturba el acto de comprensión que consiste, según Weber, en "captar por interpretación el sentido o el conjunto significativo que se tiene a la vista". (Cf. Max Weber, *Économie et société,* París, 1971, t. I, p. 8.) Véase también J. Freund, *Les théories des sciences humaines,* París, 1973.

texto social. Poca o ninguna atención se prestó a las consecuencias en el plano cultural de un crecimiento exponencial del stock de capital. Las grandes metrópolis modernas con su aire irrespirable, su creciente criminalidad, deterioro de los servicios públicos, fuga de la juventud a la contracultura, surgieron como una pesadilla en el sueño de progreso lineal en que se mecían los teóricos del crecimiento. Menos atención aún se había prestado al impacto en el medio físico de un sistema de decisiones cuyo objetivo último es la satisfacción de intereses privados. De ahí la irritación provocada entre muchos economistas por el estudio *The limits to growth*, preparado por un grupo interdisciplinario en el Instituto Tecnológico de Massachussetts, para el llamado Club de Roma.[2]

No es necesario estar de acuerdo con todos los aspectos metodológicos de ese estudio, y menos aún con sus conclusiones, para percibir su fundamental importancia. Gracias a él alcanzaron el primer plano de la discusión problemas cruciales que los economistas del desarrollo económico siempre habían tratado de dejar en la sombra. Por primera vez disponemos de un conjunto de datos representativos de aspectos fundamentales de la estructura y de algunas tendencias generales, de lo que se empieza a designar como sistema económico planetario. Más aún: disponemos de un conjunto de informaciones que nos permiten formular algunas cuestiones de fondo relacionadas con el futuro de los llamados países subdesarrollados.

En realidad, la práctica de la construcción de mo-

[2] Cf. D. H. Meadows, Dennis L. Meadows, Jorgen Randers, William H. Behrens III, *The limits to growth,* Nueva York, 1972, y sobre la metodología J. W. Forrester, *World dynamics,* Cambridge, Mass., 1971.

delos representativos de la estructura y del funcionamiento a corto plazo de grandes conjuntos de actividades económicas, no es de hoy. Entre el *tableau éconoinique* de los fisiócratas franceses y las matrices de Leontieff transcurrieron dos siglos, durante los cuales algo se aprendió sobre la interdependencia de las actividades económicas. En el último cuarto de siglo se elaboraron complejos modelos de economías nacionales de dimensiones relativamente reducidas pero ampliamente abiertas al mundo exterior, como la de Holanda, o de amplias dimensiones y más autocentradas, como la de los Estados Unidos. El conocimiento analítico proporcionado por esos modelos permitió formular hipótesis sobre el comportamiento a plazo más largo de ciertas variables, particularmente de la demanda de productos considerados de valor estratégico por el gobierno de los Estados Unidos. Esos estudios pusieron en evidencia el hecho de que la economía norteamericana tiende a ser cada vez más *dependiente* de recursos no renovables producidos en el exterior del país.[3] Es ésta, seguramente,

[3] Basándose en los distintos estudios realizados en años recientes, el Ministerio del Interior del gobierno de los Estados Unidos publicó en 1972 una serie de proyecciones de la demanda de productos básicos por la economía norteamericana hasta el fin del siglo, indicando el grado probable de *dependencia* de fuentes externas. Según esas proyecciones, de los 13 minerales principales de que depende la economía de ese país para funcionar, todos, con una excepción (fosfatos) deberán ser abastecidos en más de la mitad por fuentes externas, antes del fin del siglo. En 1985, 9 de los 13 productos ya estarán en esa situación, mientras que en 1970 sólo 5 dependían principalmente de fuentes externas. Un producto como el cobre, artículo tradicional de las exportaciones norteamericanas y todavía en 1970 totalmente abastecido por fuentes internas, antes del fin del siglo será importado en más del 60 por ciento. El azufre, otro producto clásico de las exportaciones norteamericanas, estará en la misma situación. Sin em-

una conclusión de gran importancia, que se halla en la base de la política de creciente *apertura* de la economía de los Estados Unidos, y de refuerzo de las grandes empresas capaces de promover la explotación de recursos naturales a escala planetaria. Las proyecciones a más largo plazo hechas en el marco analítico que acabamos de referir se basan implícitamente en la idea de que la frontera externa del sistema es ilimitada. El concepto de reservas dinámicas, función del volumen de las inversiones programadas y de hipótesis sobre el progreso de las técnicas, sirve para tranquilizar a los espíritus más indagadores. Como la política de defensa de los recursos no renovables cabe a los gobiernos y no a las empresas que los explotan, y como las informaciones y la capacidad de estimarlas pertenecen principalmente a las empresas, el problema tiende a ser perdido de vista.

La importancia del estudio hecho para el Club de Roma deriva precisamente del hecho de que en él se abandonó la hipótesis de un sistema abierto en lo concerniente a la frontera de los recursos naturales. No se halla en él ninguna preocupación relativa a la creciente *dependencia* de los países altamente indus-

bargo, el caso más dramático es el del petróleo: habiendo sido el mayor exportador mundial, los Estados Unidos tienden a transformarse en uno de los mayores importadores. Según el Ministerio del Interior, las importaciones norteamericanas de petróleo, en 1985, muy probablemente cuadruplicarán las de 1970 y, al fin del siglo, serán ocho veces mayores. Esos cálculos, es cierto, no tuvieron en cuenta los efectos del considerable aumento de los precios relativos de ese producto que ocurriría en el último trimestre de 1973. Si se tiene en cuenta el aumento de precios, el valor proyectado de las importaciones de petróleo de los Estados Unidos alcanzaría, en 1985, una suma equivalente al doble del total de las importaciones de ese país en 1970.

trializados de los recursos naturales de los demás países, y mucho menos por las consecuencias para estos últimos del uso depredatorio de esos recursos por parte de los primeros. La novedad reside en que el sistema puede ser cerrado a escala planetaria, en una primera aproximación, en lo concerniente a los recursos no renovables. Una vez cerrado el sistema, los autores del estudio se formularon la siguiente pregunta: ¿qué sucederá si el *desarrollo económico*, hacia el cual están siendo movilizados todos los pueblos de la tierra, llega efectivamente a concretarse, es decir, si las actuales formas de vida de los pueblos ricos llegan efectivamente a universalizarse? La respuesta a esa pregunta es clara, sin ambigüedades: si ello sucediese, la presión sobre los recursos no renovables y la contaminación del medio ambiente serían de tal orden (o, alternativamente, el costo del control de la contaminación sería tan elevado) que el sistema económico mundial entraría necesariamente en colapso.

Antes de considerar qué significado real cabe atribuirle a esa profecía, conviene abordar un problema más general, que el hombre moderno ha tratado de eludir. Me refiero al carácter depredatorio del proceso de civilización, particularmente de la variante de ese proceso engendrada por la revolución industrial. La evidencia a la que no podemos escapar es que en nuestra civilización la creación de *valor* económico provoca, en la gran mayoría de los casos, procesos irreversibles de degradación del mundo físico. El economista limita su campo de observación a procesos parciales, pretendiendo ignorar que esos procesos provocan crecientes modificaciones en el mundo físico.[4] La mayoría de ellos transforma energía

[4] Uno de los pocos economistas que se han preocupado se-

libre o disponible, sobre la cual el hombre tiene pleno comando, en energía no disponible. Además de las consecuencias de naturaleza directamente económica, como el encarecimiento de las fuentes alternativas de energía, ese proceso provoca una elevación de la temperatura media de ciertas áreas del planeta cuyas consecuencias a largo plazo sería difícil exagerar. La actitud ingenua consiste en creer que ese tipo de problemas necesariamente serán solucionados por el progreso tecnológico, como si la actual aceleración del progreso tecnológico no estuviera contribuyendo a agravarlos. No se trata de especular sobre si *teóricamente* la ciencia y la técnica capacitan al hombre para solucionar este o aquel problema creado por nuestra civilización. Se trata apenas de reconocer que

riamente por ese problema, el profesor Georgescu-Roegen, nos dice: "Algunos economistas se han referido al hecho de que el hombre no es capaz de crear ni de destruir materia o energía –verdad que deriva de la primera ley de la termodinámica. Sin embargo, ninguno de ellos parece haberse planteado la siguiente pregunta: '¿en qué consiste entonces un proceso económico?' ...Consideremos el proceso económico como un todo y observémoslo estrictamente desde el punto de vista físico. De inmediato se ve que se trata de un proceso parcial, circunscrito por una frontera a través de la cual materia y energía son intercambiadas con el resto del universo material. La respuesta a la pregunta de en qué consiste ese proceso es simple: no produce ni consume materia-energía; se limita a absorber y a rechazar materia-energía de manera continua. Podemos estar seguros de que hasta los más ardientes partidarios de la tesis según la cual los recursos naturales nada tienen que ver con la creación de valor concordarán finalmente en que existe alguna diferencia entre lo que entra y lo que sale del referido proceso... Desde el punto de vista de la termodinámica, la materia-energía entra en el proceso dinámico en un estado de *baja entropía* y sale de él en un estado de *alta entropía.*" Cf. Georgescu-Roegen, N., *The entropy law and the economic problem,* conferencia pronunciada en la Universidad de Alabama, 1970. Véase también del mismo autor, *The entropy law and the economic process,* Cambridge, Mass., 1971.

lo que llamamos creación de valor económico tiene como contrapartida procesos irreversibles en el mundo físico, cuyas consecuencias tratamos de ignorar. Es conveniente no perder de vista que en la civilización industrial el futuro está en gran parte condicionado por decisiones ya tomadas en el pasado y/o que están siendo tomadas en el presente en función de un corto horizonte temporal. En la medida en que avanza la acumulación de capital, es mayor la interdependencia entre el futuro y el pasado. Consecuentemente, la inercia del sistema aumenta y las correcciones del rumbo se tornan más lentas o exigen mayor esfuerzo.

La evolución estructural del sistema capitalista

Las elucubraciones sobre el destino de nuestra civilización, por fascinantes que ocasionalmente parezcan, tienen un reducido impacto sobre el espíritu del hombre común. La psicología humana es tal que difícilmente podemos concentrarnos por mucho tiempo en problemas que superen un horizonte temporal relativamente corto. Mi objetivo es más limitado y preciso y se puede sintetizar en una sencilla pregunta: ¿qué opciones se presentan a los países que han sufrido la deformación del subdesarrollo, frente a las presentes tendencias del sistema capitalista? ¿Desde qué punto de vista el estudio al que antes nos referimos puede ser de utilidad en esa exploración del futuro?

En primer término, debemos reconocer la irrealidad del modelo utilizado para proyectar la economía mundial y, en consecuencia, la inaplicabilidad de las cataclísmicas conclusiones presentadas. ¿Cómo admitir que un modelo basado en la observación del comportamiento histórico de las actuales economías industrializadas y en la presente estructura de éstas pueda servir para proyectar las tendencias a largo plazo del proceso de industrialización a escala planetaria? En efecto, la estructura del modelo se funda en la estricta observación del bloque de economías que encabezaron el proceso de industrialización, que pudieron utilizar los recursos naturales de más fácil acceso y que lograron el dominio de gran parte de los recursos no renovables que se hallan en los países subdesarrollados.[5] No se trata aquí de simplificación metodológica, de primera aproximación a ser corregida cuando se disponga de información suplementaria. Se trata simplemente de una estructura que refleja una observación inadecuada de la realidad, y por lo tanto inservible para proyectar cualquier tendencia de ésta.

La pregunta que acude inmediatamente al espíritu es la siguiente: ¿disponemos de suficiente conocimiento de la estructura de la economía mundial (o, simplemente, de la del conjunto de las economías capitalistas) para proyectar a largo plazo tendencias significativas de la misma? Aun cuando no estemos dispuestos a dar una respuesta afirmativa irrestricta

[5] Los autores son explícitos sobre la metodología adoptada: "La base del método, dicen, es el reconocimiento del hecho de que la *estructura* de un sistema —las múltiples reacciones circulares, interconectadas, con intervalo de tiempo que existen entre sus componentes— es frecuentemente tan importante en la determinación de su comportamiento como los propios componentes individuales", *op. cit.*, p. 31. Y agregan más adelante: "...en este punto es necesario un elevado grado de agregación para hacer comprensible el modelo... Las fronteras nacionales no se tienen en cuenta. Las desigualdades en la distribución de alimentos, recursos y capital están implícitamente incluidas en los datos, pero no son calculadas explícitamente ni mostradas en la producción", *op. cit.*, 94.

a esa pregunta, no podemos dejar de reconocer que existe amplia información sobre el proceso de industrialización en países de diversos grados de desarrollo económico. Porque disponiendo de esa información, ya no es posible aceptar la tesis, que suscriben los autores del estudio, según la cual "en la medida en que el resto de la economía mundial se desarrolla económicamente seguirá básicamente las pautas de consumo de los Estados Unidos".[6] Aceptar esa doctrina implica ignorar la especificidad del fenómeno del subdesarrollo. A ella se debe la confusión entre economía subdesarrollada y "país joven"; y a ella se debe la concepción del desarrollo como una secuencia de fases necesarias, a la Rostow.

Captar la naturaleza del subdesarrollo no es tarea fácil: muchas son sus dimensiones y las que son fácilmente visibles no siempre son las más significativas. Pero si algo sabemos con certeza es que el subdesarrollo no tiene nada que ver con la edad de una sociedad o de un país. Y también sabemos que el parámetro para medirlo es el grado de acumulación del capital aplicado a los procesos productivos y el grado de acceso a la panoplia final de bienes que caracterizan lo que se ha convenido en llamar estilo de vida moderno. Aun para el observador superficial parece evidente que el subdesarrollo está vinculado a una mayor heterogeneidad tecnológica, que refleja la naturaleza de las relaciones externas de este tipo de economía.

Cuando observamos en forma panorámica la economía mundial en el curso del siglo XIX, especialmente en su segunda mitad, observamos que las enormes transformaciones ocurridas se ordenan en torno a dos procesos: el primero se refiere a una considerable ace-

[6] Cf. *The limits to growth, cit.*, p. 109.

leración en la acumulación de capital en los sistemas de producción, y el segundo a una no menos considerable intensificación del comercio internacional. Ambos procesos engendraron sustanciosos aumentos de la productividad del factor trabajo, dando origen a un creciente flujo de excedente que sería empleado para intensificar más aún la acumulación y para financiar la ampliación y diversificación del consumo privado y público. Cómo fue apropiado y cómo fue orientada la utilización de ese excedente, constituye el problema fundamental del estudio de la evolución del capitalismo industrial en su fase de maduración. Durante una primera fase, gran parte de dicho excedente fue canalizado hacia Inglaterra, convirtiéndose Londres en el centro orientador de las finanzas del mundo capitalista. Financiando las inversiones infraestructurales en todo el mundo en función de los intereses del comercio internacional, Inglaterra promovió y consolidó la implantación de un sistema de división internacional del trabajo que marcaría definitivamente la evolución del capitalismo industrial. Ese sistema tendió a concentrar geográficamente el proceso de acumulación de capital, por el simple hecho de que, en razón de las economías externas y de las economías de escala de producción, las actividades industriales —a las que les correspondía el sector de la demanda en más rápida expansión— tienden a aglomerarse.

La reacción contra el proyecto inglés de economía mundial luego se hizo sentir. La segunda fase de la evolución del capitalismo industrial está marcada por esa reacción: es el período de consolidación de los *sistemas económicos nacionales* de los países que formarían el club de las economías desarrolladas del presente siglo. La forma como ocurrió esa toma de conciencia constituye un capítulo fascinante de la historia moderna, pero escapa a nuestro interés inmediato. Basta señalar que, en todas partes, el éxito de la reacción estuvo ligado a una centralización de las decisiones económicas mucho mayor que la conocida por el capitalismo industrial inglés en su fase de consolidación. En algunos lugares esa mayor centralización se obtendría a través de la preeminencia del sistema bancario, el cual conocería una importante evolución estructural; en otros el Estado nacional asumió funciones más amplias en la dirección del proceso de acumulación.[7] Por todas partes esa orientación llevó a alianzas de clases y grupos sociales —burguesía industrial, comercial y financiera, propietarios rurales, burocarcia estatal— en torno a un "proyecto nacional", con repercusiones significativas en la evolución del capitalismo industrial. Mientras que en la fase inglesa el comercio internacional crecía más rápidamente que la producción en el centro del sistema, ahora la tendencia será en sentido inverso.[8] La evolución de los términos de intercambio

[7] Sobre la especificidad del proceso de la industrialización retardada, particularmente en lo que respecta a los aspectos institucionales, véase el trabajo clásico de A. Gerschenkron, *Economic backwardness in historical perspective,* Cambridge, Mass., 1966, principalmente pp. 5-50. Véanse también B. Gille, "Banking and industrialization in Europe 1870-1914", y B. Supple, "The State and the industrial revolution 1700-1914", en *The industrial revolution,* dirigido por Carlo M. Chipolla, tercer volumen de *The Fontana economic history of Europe,* Londres, 1973.

[8] El período de más rápido crecimiento del comercio internacional hasta el presente, fue de 1840 a 1870, es decir, la fase de apogeo del proyecto inglés de la economía mundial, cuando esa tasa alcanzó el promedio anual de 13 por ciento. Cf. A. H. Imlah, *Economic elements in the Pax Britannica,* Cambridge, Mass., 1958, p. 190 y también A. G. Kenwood y A. L. Lougheed, *The growth of the international economy 1820-1960,* Londres,

tiende a ser desfavorable a la periferia del sistema —es decir, a los países productores de productos primarios— y la acumulación sigue concentrándose en el centro, transformado ahora en un grupo de países en distintos grados de industrialización. Por otra parte, la nueva forma asumida por el capitalismo —mayor centralización de decisiones en el plano nacional— facilita la concentración del poder económico y el surgimiento de grandes empresas. Los mercados internacionales tienden a ser dominados por grupos de empresas, cartelizadas en diversos grados.

Por qué este y no aquel país pasó la línea demarcatoria e ingresó al club de las economías desarrolladas, en esa segunda fase crucial de la evolución del capitalismo industrial que se sitúa entre los años 70 del siglo pasado y el primer conflicto mundial, es problema cuya respuesta pertenece antes a la historia que al análisis económico. En ninguna parte ese pasaje ocurrió en el marco del *laissez-faire*: siempre fue el resultado de una política deliberademente concebida para ese fin. Lo que interesa señalar es que la línea demarcatoria tendió a hacerse más profunda. Como la industrialización se modela en cada época en función del grado de acumulación alcanzado por los países que encabezan el proceso, el esfuerzo rela-

1971, p. 90. Sin embargo, hasta el fin del siglo, el comercio internacional continúa creciendo más rápidamente que la producción en el conjunto de la economía mundial. Los cambios estructurales, en el sentido de mayor integración interna de los sistemas económicos nacionales, que se venían manifestando en las últimas dos décadas del siglo, sólo se reflejarán en el comportamiento de la economía internacional en el curso del presente siglo. En efecto: a partir de la primera década del siglo y hasta 1950, el comercio mundial de manufacturas crecerá menos rápidamente que la producción de éstas. Cf. A. Maizels, *Industrial growth and world trade*, Londres, 1963, pp. 139-40 y 388.

tivo requerido para dar los primeros pasos tiende a crecer con el tiempo. Más aún, una vez que el atraso relativo alcanza cierto punto, el proceso de industrialización sufre importantes modificaciones cualitativas. Ya no se orienta a formar un sistema económico nacional, sino a completar el sistema económico internacional. Algunas industrias surgen integradas a ciertas actividades exportadoras, y otras como complemento de actividades importadoras. De una manera u otra, amplían el grado de integración del sistema económico internacional. En las fases de crisis de éste, se procura reducir el contenido de importaciones de ciertas actividades industriales, lo que lleva, ocasionalmente, a la instalación de industrias integradoras del sistema económico a nivel nacional. En esa forma, por un proceso inverso, a través de un esfuerzo para reducir la inestabilidad resultante de la forma de inserción en la economía internacional, llega a tomar forma un sistema industrial con un mayor o menor grado de integración.

Ese sistema industrial formado en torno a un mercado previamente abastecido desde el exterior, vale decir, engendrado por el proceso de "sustitución de importaciones", es específico de las economías subdesarrolladas. Presenta características propias que deben ser tomadas en cuenta en cualquier tentativa de proyección del conjunto de la economía mundial. Para comprender lo que tiene de propio ese nuevo tipo de industrialización, es necesario volver unos pasos atrás y reflexionar sobre la situación de los subconjuntos económicos que se integraron al sistema capitalista internacional, en la fase de hegemonía inglesa, y siguieron siendo exportadores de productos primarios en la fase subsiguiente de ampliación del centro del sistema. En esas economías los incrementos de productividad resultan fundamentalmente de la expansión de las exportaciones y no del proceso de acumulación y de los avances tecnológicos que en el centro del sistema acompañaban esa acumulación. Se trataba de incorporar recursos productivos subutilizados o recientemente adquiridos, como en el caso de la mano de obra inmigrante, a un sistema productivo que crecía horizontalmente. Esos aumentos de productividad derivan de lo que en economía, a partir de Ricardo, se llama "ventajas comparativas". La doctrina liberal, mediante la cual los ingleses justificaran con tanta convicción su proyecto de división internacional del trabajo, se basaba en esa *ley* de las ventajas comparativas.

No es sorprendente que algunos países —con abundancia de tierras no utilizadas y posibilidades de recibir inmigrantes (o de utilizar más intensamente una mano de obra integrada en un sistema precapitalista) hayan optado por la línea de menor resistencia de las ventajas comparativas. Al fin de cuentas, también Inglaterra estaba optando por las ventajas comparativas cuando reducía su agriculutra y se concentraba en la industria e incluso en la producción de carbón, que en gran parte exportaba. Lo que crea la diferencia fundamental y da origen a la línea divisoria entre desarrollo y subdesarrollo es la orientación dada a la utilización del excedente generado por el incremento de la productividad. La actividad industrial tiende a concentrar gran parte del excedente en pocas manos y a conservarlo bajo el control del grupo social directamente comprometido con el proceso productivo. Por otra parte, como el capital invertido en la industria está siendo constantemente renovado, la puerta queda permanentemente abierta para la introducción de innovaciones. En esa forma, un sistema industrial tiende a crecer por sus propias fuerzas, a menos que sea sometido a una insuficiencia de la demanda efectiva. Así se explica que los países que intentaron crear un sistema económico nacional, en la segunda fase de la evolución del capitalismo industrial, hayan protegido actividades agrícolas y otras, que no ofrecían "ventajas comparativas". Mediante esa protección le aseguraban demanda al sector industrial, compensando ampliamente con incrementos de la productividad en ese sector lo que perdían en las demás actividades "protegidas".

En los países en que las ventajas comparativas asumen la forma de especialización en la exportación de productos primarios (particularmente productos agrícolas) el excedente adicional asume la forma de un incremento de las importaciones. Como la especialización no requiere ni implica modificaciones en los métodos productivos y la acumulación se realiza con recursos locales (apertura de tierras, caminos y construcciones rurales, crecimiento de rebaños, etc.)[9] el incremento de la capacidad de importar permanece disponible para ser utilizado en la adquisición de bienes de consumo. En esta forma, es por el lado de la demanda de bienes finales de consumo que esos países se insertan más profundamente en la civilización industrial. Ese dato es fundamental para comprender el sentido que tomará en ellos, en la fase subsiguiente, el proceso de industrialización. No es mi intención abordar aquí, en detalle, el problema

[9] Allí donde la modernización de la infraestructura requería la importación de equipos (caso de los ferrocarriles) las inversiones tendían a ser considerables y exigían ayuda externa. Sin embargo, la reducción de la capacidad de importar, derivada del endeudamiento externo, sólo se haría sentir a plazo más largo.

de la especificidad de esa industrialización fundada en la llamada "sustitución de importaciones";[10] me limitaré a señalar que tiende a reproducir en miniatura sistemas industriales apoyados en un proceso mucho más amplio de acumulación de capital. En la práctica esa miniaturización asume la forma de la instalación en el país en cuestión de una serie de subsidiarias de empresas de los países céntricos, lo que refuerza la tendencia a la reproducción de pautas de consumo de sociedades de mucho más elevado nivel de ingreso medio. De ahí resulta el conocido síndrome de tendencia a la concentración del ingreso, tan familiar a quienes estudian la industrialización de los países subdesarrollados.

La rápida industrialización de la periferia del mundo capitalista, bajo la dirección de empresas de los países céntricos, que se observa a partir del segundo conflicto mundial y se aceleró en la última década, corresponde a una tercera fase en la evolución del capitalismo industrial. Esa fase se inició con un proceso de integración de las economías nacionales que forman el centro del sistema. Desde la formulación de la Carta de La Habana y la creación del GATT hasta el Kennedy Round, pasando por la formación del Mercado Común Europeo, se dieron pasos considerables en el sentido de estructurar un espacio económico unificado en el centro del sistema capitalista. El movimiento de capitales, dentro de ese espacio en vías de unificación, alcanzó un volumen considerable (principalmente de los Estados Unidos hacia Europa occidental, pero también, en fase más reciente, en sentido contrario), lo que permitió que se implantaran grandes empresas en todos los subsistemas nacio-

[10] Véase el cap. II de este libro "Subdesarrollo y dependencia: las conexiones fundamentales".

nales y también que las estructuras oligopólicas llegaran a abarcar el conjunto de esos subsistemas. La formación, a partir de la segunda mitad de la década del 60, de un importante mercado internacional de capitales, constituye el coronamiento de ese proceso, pues permite a las grandes empresas liberarse de muchas de las limitaciones creadas por los sistemas monetarios y financieros nacionales.[11]

En esta forma, los sistemas nacionales, que constituyeran los marcos delimitadores del proceso de industrialización en la fase anterior, fueron perdiendo individualidad, sin que surgiera claramente otro marco para sustituirlos. Tendió a crearse una situación de alguna manera similar a la que prevalecía en la época en que Inglaterra sola era el centro del sistema capitalista. Del mismo modo que el empresario inglés, que financiaba su proyecto en la City, se sentía libre de localizar su actividad en cualquier parte del mundo, la filial "internacional" de una empresa norteamericana o italiana dirigida desde Luxemburgo o desde Suiza también se siente libre para iniciar o ampliar actividades en este o aquel país financiándose en la forma que le convenga, en función de sus propios objetivos de expansión. La diferencia con el antiguo modelo inglés está en que el empresario individual fue sustituido por la gran empresa.

Si encontramos similitudes con el antiguo modelo inglés, cabe reconocer que también son significativas las semejanzas con el capitalismo de la fase de consolidación de los sistemas nacionales. En efecto: fue

[11] Una presentación sumaria de los datos relacionados con ese proceso se encuentra en *Multinational corporations in world development,* Naciones Unidas, 1973. Para una bibliografía sistemática sobre el tema véase R. Vernon, *Sovereignity at bay* (1971) ed. Penguin, 1973.

en el marco de este último que la gran empresa asumió el papel de centro de decisión capaz de influir en importantes sectores de actividades económicas. La gran empresa requiere un grado de coordinación de las decisiones económicas mucho más avanzado que el que corresponde a los mercados atomizados. Esa mayor coordinación fue alcanzada inicialmente mediante la tutela del sistema bancario o directamente de órganos del gobierno.[12] Pero en la medida en que las grandes empresas fueron alcanzando madurez y se fueron dotando de direcciones profesionales, tendieron a desarrollar reglas de convivencia que permitían el intercambio del mínimo de informaciones necesarias para asegurar cierta coordinación de decisiones. Esa evolución se efectuó inicialmente en los Estados Unidos, donde la gran riqueza de experiencia permitió explorar múltiples posibilidades. La tendencia a la concentración, que creó en ciertos ramos situaciones de virtual monopolio, provocó reacciones inversas de defensa del interés público con las leyes antitrust de fines del siglo pasado. Cerrada la puerta al monopolio, se hizo necesario desarrollar formas de coordinación más sutiles. El oligopolio constituye la cúspide de esa evolución: permite que un pequeño grupo de grandes firmas creen barreras a la entrada de otras a un sector de actividad económica y administren conjuntamente los precios de ciertos productos, conservando sin embargo autonomía financiera, tecnológica y administrativa. La administración de los precios crea ventaja relativa para las empresas que más innovan tanto en procesos productivos como

[12] Ejemplo clásico de tutela ejercida por el sistema bancario es el ofrecido por la industrialización alemana. Véase nota 7 y para una presentación de los vestigios de esa tutela, A. Shonfield, *Modern capitalism,* Londres, 1965, pp. 239-297.

en la introducción de nuevos productos en determinado sector. A diferencia de la competencia tradicional de precios, que se traduce en reducción de los beneficios, debilitamiento financiero, cierre de fábricas, o, en el caso de que se imponga un monopolista, elevación de precios y reducción de la demanda, el mundo de los oligopolios se asemeja mucho más a una carrera en que, salvo accidente, todos alcanzan la meta final, siendo mayor el premio de los que llegan primero. Es un deporte al que sólo tienen acceso los campeones, como las finales de Wimbledon.

La forma oligopólica de concentración de decisiones, gracias a su enorme flexibilidad, puede ser trasplantada al espacio semiunificado que se está constituyendo en el centro del sistema capitalista. Por favorecer de todas maneras la innovación, el oligopolio constituye un poderoso instrumento de expansión económica. A la libertad de acción de que vienen gozando las empresas oligopólicas se debe que el comercio de productos manufacturados entre los países céntricos haya crecido con extraordinaria rapidez en el curso de las últimas dos décadas. Por otro lado, la enorme capacidad financiera que tienden a acumular esas empresas las lleva a buscar la diversificación, dando origen al conglomerado transnacional, que es la forma más avanzada de la empresa moderna.[13]

A primera vista puede parecer que la fuerza de la gran empresa deriva principalmente de las economías de escala de producción. Eso es verdad sólo en parte. Las economías de escala son fundamentales en la

[13] Cf. C. Furtado, *A hegemonia dos Estados Unidos e o subdesenvolvimento da América Latina,* Río, 1973, pp. 43-51 y J. Fred Weston, "Conglomerate firms", en *Economics of industrial structure,* dirigido por Basil S. Yamey, Londres, 1973, donde se encuentra una bibliografía selectiva sobre el tema.

metalurgia, en la química básica, el papel y otras industrias a proceso continuo, y también allí donde la mano de obra es utilizada de forma intensiva y es posible organizar el trabajo en cadena. Todo eso responde apenas por una parte del enorme proceso de concentración de la industria moderna. Su gran fuerza deriva de que trabaja en mercados organizados, está en condiciones de administrar los precios y, por lo tanto, de asegurarse autofinanciamiento y poder planificar sus actividades a largo plazo. Pero no hay duda de que fueron las industrias del primer tipo las que constituyeron el campo experimental en que se desarrollaron las técnicas oligopólicas. Eso porque donde las economías de escala son importantes, las inmovilizaciones de capital son considerables y ello facilita la creación de barreras a la entrada de otros socios al club. Sólo cuando esas barreras son sólidas es posible administrar los precios y hacer planes a largo plazo. Además, en ese tipo de industria es mucho más difícil mantener ocultos los planes de expansión. Por último, en las industrias que producen productos homogéneos, los costos de producción son relativamente transparentes, en la medida en que las técnicas de producción son conocidas. Es natural, por lo tanto, que hayan sido las empresas de ese grupo las primeras en organizarse internacionalmente como oligopolios. Y fue la evolución en el país céntrico de la empresa oligopólica internacional productora de insumos industriales lo que dio origen a una de las primeras familias de empresas diversificadas. En efecto, en la medida en que las grandes empresas internacionales se fueron capacitando para administrar los precios de los metales no ferrosos, se volvió interesante para ellas convertirse en grandes utilizadoras de esos metales. Por otro lado, para planificar la producción de cobre a largo plazo era necesario conocer la evolución de la economía del aluminio, por ejemplo. De ahí la aparición de nuevas formas de oligopolio dirigidas a coordinar la economía no de un producto sino de un conjunto de productos hasta cierto punto sustituibles. Un ejemplo claro de esa evolución son las grandes compañías de petróleo: tendieron a diversificarse en el campo de la petroquímica y de la enorme familia de industrias que de ahí parte; pero también procuraron instalarse en los sectores competitivos, desde el carbón hasta la energía atómica.

Si observamos en conjunto las dos líneas de diversificación, la vertical y la horizontal, vemos que una empresa que se expande en esas dos direcciones tiende a ser llevada a controlar actividades económicas en apariencia totalmente desconectadas entre sí. A partir de cierto momento las ventajas de la diversificación pasan a ser estrictamente de carácter financiero, pues el exceso de liquidez de un sector puede ser utilizado en otro, ocasionalmente más dinámico. Sin embargo, ese tipo de coordinación puede ser obtenido a través de instituciones financieras, por definición mucho más flexibles. Ese proceso evolutivo tiende, por lo tanto, a llevar a una coordinación financiera, a través de instituciones bancarias y semejantes, y a una coordinación oligopólica, en el plano operativo.[14]

[14] Evidentemente, la coordinación financiera puede ser llevada mucho más lejos que la oligopólica. Esta última solamente tiene sentido en la medida en que ofrece ventajas operativas y permite rectificar los planes de producción e inversión de cada empresa con autonomía administrativa. La coordinación financiera, al permitir que un ramo de actividad subsidie a otro o financie su expansión, puede, teóricamente, extenderse indefinidamente; colocándose a un nivel de decisiones extre-

Las observaciones que acabamos de hacer se basan en el estudio de la estructura económica norteamericana. Mucho menor es la información de que disponemos sobre las formas que están asumiendo los oligopolios en el espacio económico, más heterogéneo, en proceso de unificación en el centro de la economía capitalista. Sabemos, sí, que los recursos financieros puestos a disposición de las grandes empresas crecieron considerablemente, que los sistemas bancarios nacionales europeos pasaron por un rápido y drástico proceso de reestructuración con base regional y que el sistema bancario norteamericano se expandió internacionalmente en forma vertiginosa. También sabemos que las grandes empresas operan internacionalmente a través de centros de decisión que escapan, en gran medida, al control de los gobiernos nacionales de los respectivos países.[15]

madamente general, las deseconomías de escala son prácticamente inexistentes, en este caso. Estudios recientes realizados en los Estados Unidos indican que la coordinación financiera es practicada mucho más ampliamente de lo que se supone en general. Sin asumir la forma institucional que tiene en Alemania, donde la existencia del *Aufsichtsrat* (Consejo supervisor de la empresa) permite a los bancos actuar ostensiblemente en la orientación de la empresa, el entrelazamiento de los directorios y el control de una pequeña fracción del capital volante (no más del 5 por ciento) han transformado a los bancos de los Estados Unidos en centros de control del conjunto de la actividad económica cuya importancia sería difícil exagerar. Así, en 1971, según informaciones divulgadas por el subcomité de Banco y Moneda del Congreso norteamericano, los bancos retenían en su portafolio 577 mil millones de dólares en títulos emitidos por sociedades anónimas y administraban fondos que controlaban 366 mil millones de dólares adicionales en títulos financieros de ese tipo.

[15] Entre 1965 y 1972 el número de filiales de bancos norteamericanos en el extranjero ascendió de 303 a 1 009; con respecto a los grandes bancos con sede en Nueva York, la participación de los depósitos extranjeros subió del 8.5 por ciento (de los depósitos nacionales) al 65.5 por ciento, entre 1960 y 1972.

La evolución estructural de los países céntricos tenía necesariamente que repercutir en las relaciones económicas internacionales. En este terreno, más que en ningún otro, la gran empresa corre con ventaja.[16] En efecto, sólo ella está en condiciones de administrar recursos aplicados simultáneamente en diversos países. Es natural, por lo tanto, que las antiguas transacciones internacionales, organizadas por intermediarios que especulaban con stocks o "jugaban" en las bolsas de mercaderías, están siendo progresivamente sustituidas por transacciones entre empresas pertenecientes a un grupo, cuyas actividades están articuladas.[17] En la medida en que las actividades

Véase *Multinational corporations in world development, cit.*, p. 12. La expansión internacional de la red bancaria de otros países céntricos ha sido igualmente considerable, especialmente la de la japonesa. Las operaciones externas de una gran empresa son, en general, ostensiblemente dirigidas por una subsidiaria "internacional" localizada en un país conveniente, aunque el centro de decisiones se mantenga en el país de origen de la empresa.

[16] Preferimos designar simplemente como "gran empresa" a lo que se viene llamando corrientemente "corporación multinacional". Toda gran empresa, en la economía capitalista actual, excluidos los servicios públicos, es "internacional", en el sentido de que actúa simultáneamente en varios países, ya sea a través de subsidiarias comerciales, sea por intermedio de subsidiarias productoras o de participación en empresas productoras. La dimensión impone la internacionalización, aunque el capital de la empresa sea controlado por un Estado nacional. Por otra parte, una empresa grande o media de reducida actuación internacional, por el hecho de actuar internamente en el cuadro de los oligopolios, deberá seguir el comportamiento "internacional" del conjunto del oligopolio. En síntesis: la diferencia entre "nacional" e "internacional" tiende a ser secundaria, importando fundamentalmente el peso relativo de la empresa.

[17] La vinculación entre la naturaleza monopólica u oligopólica de las grandes empresas y las inversiones directas en el exterior, es decir, la relación entre la economía internacional tal como aparece hoy y la evolución estructural de la gran

económicas fueron siendo organizadas dentro de los países céntricos para permitir un planeamiento de las actividades de las empresas a más largo plazo, se impuso la necesidad de planear también las transacciones internacionales mediante contratos de suministro a largo plazo, instalación de subsidiarias u otras formas de articulación.

Operando simultáneamente en varios países y realizando transacciones internacionales entre miembros de un mismo grupo, las grandes empresas tendieron a desarrollar refinadas técnicas de administración de precios, que en la práctica exigen una gran disciplina dentro de los oligopolios. El mismo producto puede ser vendido a precios distintos en diversos países, independientemente de los precios locales de producción, y los precios practicados en las transacciones internacionales dentro de un mismo grupo son fijados teniendo en cuenta la diversidad de políticas fiscales, los problemas cambiarios, etc. Esas técnicas son practicadas en el marco de los oligopolios, por lo tanto no deben desorganizar los mercados ni impedir su crecimiento. El interés particular de su estudio reside en que permiten entrever la verdadera significación de la gran empresa dentro de la economía capitalista moderna.[18]

empresa, se debe al estudio pionero de Stephen Hymer, cuya tesis de doctorado en el MIT ("The international operations of national firms: a study of direct investment") data de 1960. Véase también John H. Dunning (director), *International investment,* Londres, 1972, especialmente la introducción.

[18] La superfacturación y la subfacturación son conocidas técnicas utilizadas por las empresas que operan en el comercio internacional. Sin embargo, los estudios sobre este tema son sumamente escasos. Las investigaciones hechas por C. V. Vaitsos en Colombia pusieron de manifiesto que los recursos transferidos internacionalmente por esos medios son mucho más importantes de lo que antes se imaginaba. Cf. *Transfer of*

El rasgo más característico del capitalismo en su fase evolutiva actual es que prescinde de un Estado, nacional o multinacional, con la pretensión de establecer criterios de *interés general* que disciplinen el conjunto de las actividades económicas. En la medida en que las economías ganaron en estabilidad, pudo ampliarse la acción del Estado en el plano social. Pero como tanto la estabilidad como la expansión de esas economías dependen fundamentalmente de las transacciones internacionales y éstas se hallan bajo el control de las grandes empresas, las relaciones de los estados nacionales con las empresas tendieron a ser relaciones de poder. En primer lugar, la gran empresa controla la innovación —la introducción de nuevos procesos y nuevos productos— en las economías nacionales, seguramente el principal instrumento de expansión internacional. En segundo lugar, es responsable de gran parte de las transacciones internacionales y prácticamente detenta la iniciativa en ese terreno; en tercer lugar, opera internacionalmente bajo una orientación que escapa en gran parte a la acción aislada de cualquier gobierno, y en cuarto, mantiene una gran liquidez fuera del control de los bancos centrales y tiene fácil acceso al mercado financiero internacional.

Lo dicho en el paragrafo anterior debe ser entendido, no como declinación de la actividad política, sino como transformación de las funciones de los estados y aparición de una nueva forma de organización política, cuyo perfil aún se está definiendo. No es necesaria mucha perspicacia para percibir que, a partir del segundo conflicto mundial, el sistema capitalista ha operado con unidad de mando político,

resources and preservation of monopoly rents, Harvard University, 1970.

apoyado en un sistema unificado de seguridad. A la existencia de esa relativa unidad de mando se debe la rápida reconstrucción de las economías de Europa occidental y el Japón, el proceso de "descolonización", la organización del Mercado Común Europeo, la acción persistente del GATT orientada hacia el desarme arancelario, los grandes movimientos de capital que permitieron a las grandes empresas alcanzar preeminencia internacional, la aceptación del patrón dólar como sustituto del antiguo patrón oro. La dificultad para comprender ese proceso estriba en que el razonamiento analógico nos sirve de muy poco en este caso. Es perfectamente claro que la tutela política norteamericana fue un resultado "natural" del último conflicto mundial. Que el mayor sacrificio humano y económico en ese conflicto le haya cabido a la Unión Soviética y que la destrucción del poder militar y político de Alemania y el Japón haya beneficiado a los Estados Unidos dentro del campo capitalista, son datos históricos que debemos aceptar como tales. Lo que interesa señalar es que, establecida la preeminencia política estadounidense, se crearon condiciones para que se dieran profundas modificaciones estructurales en el sistema capitalista. No se puede afirmar que esas modificaciones hayan sido deseadas y mucho menos planeadas por los centros políticos o económicos de los Estados Unidos. La verdad es que de ellas resultó un crecimiento económico mucho más intenso y una elevación de niveles de vida relativamente mucho mayor en Europa occidental y en el Japón. Aparentemente los norteamericanos sobrestimaron la ventaja relativa que ya habían obtenido en el campo económico, o sobrestimaron las amenazas de subversión social y la capacidad de la Unión Soviética para ampliar su esfera de influencia. En todo caso, organizaron un sistema de seguridad que abarca el conjunto del mundo capitalista y por ese medio ejercieron una efectiva tutela política sobre los estados nacionales que forman ese mundo.[19]

Es posible que la tutela política norteamericana haya sido aceptada fácilmente por el hecho de que, en el plano económico, no se vinculó a ningún proyecto definido en términos de intereses norteamericanos: fue presentada como un instrumento de defensa de la "civilización occidental", lo que, para fines prácticos, se confundía en gran medida con la defensa del sistema capitalista. Se creó, así, una superestructura política a nivel muy alto, con la misión fundamental de despejar el terreno allí donde los

[19] El sistema de seguridad global, que abarca el mundo capitalista, comporta, evidentemente, diversos grados de autonomía nacional. Francia es el ejemplo más conspicuo del país que defiende el derecho a la *autonomía de su defensa,* en el cuadro global del sistema. Esa autonomía debe ser entendida como el propósito de no asumir los riesgos que implica el control por los Estados Unidos de las decisiones fundamentales. Así, teóricamente, los Estados Unidos podrían "sacrificar" una parte de Europa occidental en un enfrentamiento parcial con la Unión Soviética, a fin de preservar la integridad de su territorio. La autonomía francesa significa que ese margen de maniobra se reduce para Estados Unidos, pasando el territorio de Francia a gozar de una protección semejante a la que los norteamericanos reservan para su propio territorio, sin que esa situación pueda ser modificada por decisión unilateral de los Estados Unidos. Un sistema alternativo fue concebido inicialmente por De Gaulle a través de la creación de un dispositivo conjunto (Estados Unidos, Gran Bretaña y Francia) responsable por las decisiones más importantes. Ese dispositivo no atrajo a los norteamericanos y no dispensaba el desarrollo de un poder atómico independiente en cada uno de los tres países. La insignificancia de la autonomía francesa, como instrumento de política internacional, se hizo evidente en el conflicto del Medio Oriente de fines de 1973. La última "Declaración Atlántica", del 19 de junio de 1974, confirmó la unicidad de los sistemas de defensa de Europa occidental y de los Estados Unidos. Cf. *Le Monde* del 21 de junio de 1974, p. 5.

residuos de los antiguos estados nacionales persistían en crear barreras entre los países. La reconstrucción estructural se operó a partir de la economía internacional. En el plano interno los estados nacionales ampliaron su actuación para reconstruir las infraestructuras, modernizar las instituciones, intensificar la capitalización, ampliar la fuerza de trabajo, etc. Todo eso contribuyó, evidentemente, a reforzar la posición de las grandes empresas dentro de cada país. Pero fue la acción en el plano internacional, promovida por la superestructura política, la que abrió la puerta a las transformaciones de fondo, llevando a las grandes empresas a una posición de poder frente a los estados nacionales.

La reunificación del centro del sistema capitalista constituye, posiblemente, la consecuencia más importante del segundo conflicto mundial. Ese centro aparece, hoy en día, como un conjunto de cerca de 800 millones de personas. Su cuadro político consiste en un régimen de tutela, bajo control norteamericano, dentro del cual los estados nacionales gozan, aunque en diversos grados, de una autonomía considerable. Nada parece impedir que la estructura superior de poder evolucione en cualquier dirección, ya sea para reforzar aún más la posición norteamericana o para admitir cierta participación de otros estados nacionales.[20] Tampoco cabe excluir la hipótesis de que un

[20] Las propuestas norteamericanas de 1972 tendientes a diferenciar planos de decisión —lo que significaría institucionalizar lo que está demostrado en la práctica, concretamente, que los demás países del mundo capitalista no disponen de medios efectivos para llevar adelante por cuenta propia una política "planetaria"— son una indicación de la tendencia evolutiva del sistema en esta década. Las dos mayores naciones industriales, después de los Estados Unidos, por el hecho mismo de estar localizadas en las fronteras del sistema —Ale-

determinado Estado nacional intente aumentar su autonomía. El problema principal que se plantea en este último caso es el de las relaciones con las grandes empresas. En primer lugar, las grandes empresas del propio país, que ya no podrán operar con la misma flexibilidad dentro de los oligopolios internacionales y, muy probablemente, perderán terreno respecto a sus rivales o pasarán, parcialmente, a estar bajo el control de una subsidiaria establecida en otro país.

El producto bruto del centro del sistema capitalista supera con mucho, actualmente, el billón y medio de dólares. El acceso a ese inmenso mercado, caracterizado por una considerable homogeneidad en las normas de consumo, constituye el privilegio supremo de las grandes empresas.[21] Dentro de ese vasto mercado la

mania por un lado y el Japón por el otro— podrían influir en la evolución política de éste. Sin embargo, esas dos naciones son profundamente dependientes de la forma evolutiva actual del mundo capitalista para proseguir con la extraordinaria expansión económica de que se están beneficiando. En el plano económico, esas dos naciones son las mayores beneficiarias de un sistema de defensa al cual contribuyen una mínima parte.

[21] El producto percápita del centro del sistema capitalista (los países desarrollados de economía de mercado, en el lenguaje de las publicaciones de las Naciones Unidas) fue estimado por el Banco Mundial en 1 964 dólares para 1968; y el de la población de la periferia del sistema (los llamados países en vías de desarrollo) de economía de mercado en 175 dólares. Redondeando en 2 000 dólares en el primer caso y 200 en el segundo, y teniendo en cuenta que la población del centro se aproximaba a los 800 millones en 1970, mientras que la de la periferia andaría por los 1 700 millones, se concluye que el producto del centro sería del orden de los 1.6 billones de dólares, y el de la periferia de 340 mil millones. Véase el comunicado de prensa del Banco Mundial núm. 38 de septiembre de 1971 y, para los datos básicos de la población, Kingsley Davis, "Population policy: will current programs succeed?", en *Science,* 10 de noviembre de 1967, y Thomas Freijka, "The prospects for a stationary world population", en *Scientific American,* marzo de 1973.

llamada "economía internacional" constituye el sector en expansión más rápida y aquel en el que las grandes empresas gozan de máxima libertad de acción. Toda tentativa de división de ese espacio en compartimientos por parte de cualquier Estado nacional, incluso los Estados Unidos, encontrará la decidida resistencia de las grandes empresas. Por otra parte, toda tentativa de división reducirá el ritmo de la acumulación y de la expansión económica en el conjunto del sistema y, particularmente, en el subsistema que haya tomado la iniciativa de aislarse. A menos que pretenda modificar el estilo de vida de su población y, en cierta forma, perder en gran parte las ventajas derivadas del integrar el centro del sistema capitalista, cualquier país, independientemente de su tamaño, tendrá que convivir con las grandes empresas, dirigidas desde dentro o fuera de sus fronteras, respetando la autonomía que éstas necesitan para integrar oligopolios internacionales.

En el curso del último cuarto de siglo el producto bruto del centro del sistema capitalista se multiplicó por más de tres y las relaciones comerciales entre las economías nacionales que forman ese conjunto crecieron con velocidad aún mayor.[22] Ese crecimiento se

[22] El producto interno bruto de los países del centro creció en la posguerra (datos relativos a 1950-1969) con una tasa anual del 4.7 por ciento; en la década del 60, fase de más rápida integración del sistema, la tasa fue de 5.4 por ciento; la tasa de crecimiento percápita es, en el primer caso, de 3.5, y en el segundo, de 4.3. El crecimiento de las exportaciones fue aún más intenso: 8.6 por ciento anual en la posguerra (1948-1970), y 10.1 en los años 60; el comercio entre los países céntricos conoció una tasa de crecimiento aún más alta, pues su participación en el total del comercio exterior de esos países pasó del 64 por ciento, en 1948, al 77 por ciento en 1970. Para los datos históricos véase CEPAL, *Estudio económico de América Latina, 1971*, vol. I, cuadro 2.

hizo en gran parte en el sentido de una mayor homogeneización, declinando relativamente los Estados Unidos y aumentando con excepcional intensidad el ingreso percápita de los países en que éste era relativamente bajo, como el Japón e Italia. Pero, si bien es cierto que el crecimiento fue relativamente lento en los Estados Unidos, también lo es que fueron las grandes empresas norteamericanas las que se expandieron en el plano internacional.[23] En la mayoría de

[23] El número de subsidiarias de firmas norteamericanas en el exterior aumentó, entre 1950 y 1966, de 7 417 a 23 282, y la proporción de esas filiales en otros países céntricos ascendió de 62.8 a 65 por ciento. La expansión de las grandes firmas norteamericanas fue aún más intensa. Si bien la información es insuficiente, se sabe que la expansión de las empresas japonesas y alemanas fue aún más rápida, pero partiendo de una base considerablemente inferior. Es posible obtener un dato comparativo mediante el valor contable de las inversiones directas: entre 1960 y 1971 los de las firmas americanas pasaron de 33 mil a 86 mil millones de dólares, y los de las firmas japonesas de 300 a 4 500 millones; en 1971 las inversiones de las firmas alemanas habían alcanzado los 7 300 millones. Cf. Naciones Unidas, *Multinational corporations in world development, cit.*, p. 8 y cuadro 8. Una idea más precisa del crecimiento relativo del segmento internacional de las economías nacionales céntricas la dan R. Rowthorn y S. Hymer en *International big business 1957-1967*, Cambridge, University Press, 1971, pp. 61-74. Los datos allí presentados indican que, en lo que respecta al sector manufacturero, el crecimiento "internacional" de las economías alemana y japonesa se hizo esencialmente a través de la expansión de las exportaciones, al paso que, en los Estados Unidos y en menor escala en el Reino Unido, ese crecimiento asumió la forma de expansión de las ventas de subsidiarias instaladas en el exterior. Así, entre 1957 y 1965 las exportaciones norteamericanas aumentaron apenas en 4 200 millones de dólares, mientras que las ventas de subsidiarias de firmas norteamericanas en el exterior aumentaron en 24 000 millones; los datos relativos a Alemania son 8 400 y 1 400 millones de dólares y los relativos al Japón 5 200 y 600 millones. Parece claro que los costos sustancialmente más bajos del Japón y de Alemania (salarios mucho más bajos y rápida modernización del equipo industrial en la posguerra) permitieron, en esos dos países, que las empresas se extendieran

los casos, esa expansión no asumió la forma de un incremento de las transacciones comerciales de los Estados Unidos con los países en que operan las subsidiarias de sus grandes empresas. Las empresas norteamericanas eran las que estaban mejor preparadas para explotar las nuevas posibilidades creadas por las reformas estructurales ocurridas en el sistema capitalista en ese período, ya sea en razón del mayor poder financiero de que gozaban, o del adelanto tecnológico que habían alcanzado en campos fundamentales. Pero, al evolucionar el centro del sistema capitalista en el sentido de una mayor homogeneización, las consecuencias en la economía norteamericana se hicieron sentir. El aumento más rápido de la productividad fuera de los Estados Unidos provocó un desplazamiento de la balanza comercial de ese país, que tendió a ser invadido por importanciones provenientes de las otras naciones industriales. Siendo

internacionalmente mediante el camino tradicional de la exportación; además, frente a la unificación del mercado del sistema capitalista, las firmas de países con mercado local menor tendrían mayores posibilidades de obtener economías de escala a través de la exportación. En los Estados Unidos, donde el mercado local permitió a las firmas manufactureras maximizar las economías de escala, la descentralización geográfica de la producción, con base internacional, se presentó antes como vía de expansión privilegiada. Datos más recientes indican que tanto las firmas alemanas como las japonesas están tendiendo hacia el modelo de expansión internacional norteamericano. Sin embargo, en 1971 la producción internacional japonesa (subsidiarias de todos los ramos) alcanzó a 9 000 millones de dólares, mientras las exportaciones de ese país pasaban de 24 mil millones; los datos relativos a Alemania fueron 14 600 y 39 000 millones y los de los Estados Unidos 172 000 y 43 500 millones. Cf. Naciones Unidas, *op. cit.*, cuadro 19, y S. Hymer y R. Rowthorn, "Multinational corporations and international oligopoly: the Non-American challenge", en C. P. Kindleberger (dir.) *The international corporation,* The MIT Press, 1970.

el dólar una moneda "reserva", el resultado fue el endeudamiento a corto plazo de los Estados Unidos en una escala hasta entonces inconcebible. Esa situación tuvo dos consecuencias importantes, de distinta naturaleza. La primera fue la formación de una masa de liquidez que facilitaría el rápido desarrollo del mercado financiero internacional, ampliando así el grado de libertad de acción de las grandes empresas. La segunda fue el reconocimiento de que el sistema monetario internacional actual se basa en el dólar y no en el oro. El hecho de que la emisión de dólares sea privilegio del gobierno de los Estados Unidos constituye una prueba irrefutable de que ese país ejerce con exclusividad la tutela del conjunto del sistema capitalista. Es posible que esa tutela, en el futuro, sea compartida con otros países, y el dólar sea sustituido por una moneda de cuenta caucionada por un conjunto de bancos centrales. Poder emitir moneda de curso forzoso internacional independientemente de la situación de la propia balanza de pagos, es privilegio real. Se comprende, por lo tanto, que los Estados Unidos se empeñen en no abandonarlo. El régimen de paridades cambiarias fijas, prolongado por tanto tiempo, se fundaba en la hipótesis optimista de que el diferencial de productividad, entre los Estados Unidos y las demás economías industriales, se mantendría. Fuera de esa hipótesis, sólo sería factible en un mundo en el que las relaciones económicas internacionales crecieran lentamente o se apoyasen en actividades en las que las ventajas comparativas se fundasen en fenómenos naturales. El abandono de la convertibilidad del dólar en oro y de la fijeza de las paridades cambiarias entre las diferentes monedas significa que el dólar se transformó en el centro de gravedad del sistema de manera explícita.

Hemos hecho referencia al hecho de que las subsidiarias de las grandes empresas norteamericanas, que operan en los demás países del centro capitalista, han crecido con mayor intensidad que sus matrices.[24] Aprovechando las condiciones favorables que ofrecen esos países y otras aún más ventajosas que encuentran en la periferia del sistema capitalista, esas subsidiarias se expanden rápidamente y tienden a crear relaciones asimétricas con la metrópoli. Por otro lado, durante el largo período de las paridades fijas, empresas de otros países industriales en los que la productividad crecía rápidamente, particularmente el Japón y Alemania Federal, se implantaron sólidamente en el mercado norteamericano. Se creó así una situación estructural por la cual las importaciones tienden a crecer con mayor fuerza que las exportaciones, lo que no puede dejar de tener repercusiones negativas en el nivel interno de empleo. Enfrentar esa situación con simples medidas cambiarias significa elevar periódicamente los precios de las importaciones indispensables y abrir la puerta a la degradación de los términos de intercambio. De esta manera, el éxito considerable de las empresas norteamericanas en el exterior tiene su contrapartida de problemas para otros sectores de la economía de los Estados Unidos. En efecto, este país presenta un coeficiente de desempleo muy superior al que se observa en los demás

[24] Ya hemos aludido al hecho de que las inversiones directas norteamericanas en el exterior casi triplicaron su valor contable entre 1960 y 1971, al paso que la tasa de crecimiento del PIB norteamericano en la posguerra (1950-1969) fue de 3.6 por ciento anual y la de crecimiento del sector industrial de 4.1. Cabe estimar que la expansión de la producción de las firmas americanas en el exterior es por lo menos tres veces mayor que la del conjunto de firmas que operan en los Estados Unidos. Para los datos norteamericanos véase CEPAL, *op. cit.*, cuadro 3.

países del centro de la economía capitalista[25] y toda tentativa de reducirlo provoca otras perturbaciones. En la medida en que las tendencias referidas se agravan y prolongan, va surgiendo un área de fricción entre las grandes empresas y otros sectores de la sociedad norteamericana. Es difícil especular sobre la evolución de un proceso tan complejo como ése, pero no se puede excluir la hipótesis de que llegue a tener consecuencias importantes para la estructuración política del mundo capitalista. Si el proceso de fricción se agrava, es posible que surja una tendencia a diferenciar más claramente el sistema de tutela política del mundo capitalista de los intereses específicos del Estado nacional norteamericano. La actual crisis política, polarizada en el caso Watergate, por la cual el Poder Legislativo procura recuperar parte de las atribuciones constitucionales que le fueran sustraídas por el Poder Ejecutivo en el curso de los últimos años, puede constituir el preludio de importantes reajustes en el plano político institucional.[26] El refuerzo del poder legislativo implicará, muy probablemente, una mayor movilización de los intereses que chocan con los de las grandes empresas, al mismo tiempo que podría reducir la capacidad del gobierno de los Estados Unidos para ejercer la tutela internacional. En esta hipótesis, es perfectamente posible que

[25] La tasa de desempleo en los Estados Unidos ha fluctuado, en los últimos veinte años, entre 3 y 6 por ciento, y en los países de Europa occidental, excluida la Gran Bretaña, entre menos de 0.5 y 3 por ciento.

[26] El aspecto más importante de esa crisis está vinculado a la no ejecución, durante la primera administración de Nixon, de partes de la ley de presupuesto. Con el pretexto de evitar el aumento de la presión inflacionaria, el Presidente no puso en ejecución planes de gastos en el campo de la asistencia social y del control de la contaminación, lo que acarreó un considerable desgaste político de los miembros del Congreso.

el sistema de tutela se reestructure en bases más "internacionales".[27]

Las grandes empresas en las nuevas relaciones centro-periferia

Las modificaciones estructurales ocurridas en el centro, a las que hemos hecho referencia, deben ser tenidas en cuenta en cualquier intento de identificación de las tendencias evolutivas actuales del conjunto del sistema capitalista. En primer lugar, es necesario tener en cuenta que el proceso de unificación abrió el camino a una considerable intensificación del crecimiento del propio centro. En efecto, la tasa media de crecimiento del bloque de países que forman el centro se más que duplicó, en el curso del último cuarto de siglo, con respecto a la tasa histórica de crecimiento de esos mismos países.[28] En segundo lugar, se amplió considerablemente el foso que ya separaba al centro de la periferia del sistema,

[27] La "internacionalización" de la tutela, a ejemplo de la practicada por el Fondo Monetario Internacional sobre los gobiernos latinoamericanos durante muchos años, tiende a asumir la forma de explicitación de un código de "buen comportamiento" a ser seguido por las grandes empresas y por los estados, bajo la supervisión de organismos "internacionales". En el estudio de las Naciones Unidas anteriormente citado se hace referencia, por ejemplo, a la conveniencia de establecer "un conjunto de instituciones y mecanismos destinados a guiar a las corporaciones internacionales en el ejercicio del poder...". Véase p. 2.

[28] Ya nos hemos referido al hecho de que esa tasa, en el período 1950-1969, fue de 3.5 por ciento percápita; las tasas históricas son las siguientes: Francia (1845-1950) 1.4; Alemania (1865-1952) 1.5; Gran Bretaña (1865-1950) 1.3; Estados Unidos (1875-1952) 2.0; Japón (1885-1952) 2.6. Cf. S. Kuznets, *Economic growth,* Yale University Press, 1959, pp. 20-21.

lo cual en gran parte es simplemente consecuencia de la intensificación del crecimiento del centro.[29] En tercer lugar, las relaciones comerciales entre países céntricos y periféricos, más aún que entre países céntricos, se transformaron progresivamente en operaciones internas de las grandes empresas.[30]

No habiendo conocido la fase de formación de un sistema económico nacional dotado de relativa autonomía —fase que permitió integrar las estructuras internas y homogeneizar la tecnología— las economías periféricas conocen un proceso de agravación de las disparidades internas a medida que se industrializan guiadas por la sustitución de importaciones. Ya nos hemos referido a ese hecho, consecuencia ineludible del intento de reproducir de un país pobre las formas de vida de países que ya han alcanzado niveles mucho más altos de acumulación de capital. Ahora bien, ese tipo de industrialización, que en períodos anteriores chocaba con obstáculos considerables creados por la falta de capitales, por la dificultad del acceso a la tecnología, por la pequeñez del mercado interno, actualmente se realiza con extraordinaria rapidez, gracias a la cooperación de los oligopolios internacionales. Utilizando tecnología amortizada, algunas

[29] La tasa de crecimiento del ingreso percápita fue de 3.5 en el centro y de 2.5 en la periferia, en el período 1950-1969. Cf. CEPAL, *op. cit.*, cuadro 2. Aun cuando la tasa de crecimiento del ingreso percápita fuera idéntico, el foso estaría aumentando permanentemente: un incremento de 3.5 por ciento en un ingreso de 200 dólares corresponde a 7 dólares y en un ingreso de 2 000 a 70 dólares.

[30] Excepto para los Estados Unidos, no existe información precisa sobre este punto. En la medida en que declina la importancia relativa de los productos agrícolas y aumenta la de las materias primas minerales y, más aún, la de los productos manufacturados, en las exportaciones de los países periféricos, éstas tienden a desplazarse de los "mercados internacionales" hacia el ámbito interno de las grandes empresas.

veces equipos también ya amortizados, y movilizando capital local, las grandes empresas están en condiciones de instalar industrias en la mayor parte de los países de la periferia, especialmente si esas industrias se integran parcialmente con actividades de importación.

No hace falta decir que la industrialización que actualmente se realiza en la periferia bajo el control de las grandes empresas es un proceso cualitativamente distinto de la industrialización que, en una etapa anterior, conocieron los países céntricos y, más aún, de la que prosigue en éstos en el presente. El dinamismo económico en el centro del sistema deriva del flujo de nuevos productos y de la elevación de los salarios reales que permite la expansión del consumo masivo.[31] En contraste, el capitalismo periférico engendra el mimetismo cultural y requiere una permanente concentración del ingreso a fin de que las minorías puedan reproducir las formas de consumo de los países céntricos. Este punto es fundamental para el conocimiento de la estructura global del sistema capitalista. Mientras que en el capitalismo céntrico la acumulación de capital avanzó, en el curso del último siglo, con innegable estabilidad en la distribución del ingreso tanto funcional como social,[32]

[31] Cf. C. Furtado, "Subdesarrollo y dependencia: las conexiones fundamentales", *cit,* y también *Análise do "modelo" brasileiro,* Río, 1973.

[32] Las estadísticas disponibles con respecto al proceso de industrialización de los Estados Unidos, de Francia, de la Gran Bretaña y de Alemania ponen de manifiesto la estabilidad tanto funcional como social de la distribución del ingreso en el curso del último siglo, teniendo en cuenta los efectos de la acción del Estado en el plano social y el incremento de la participación del Estado en el producto. Además, las informaciones indirectas llevan a creer que en el período anterior, es decir, en los comienzos de la industrialización, es más

en el capitalismo periférico la industrialización ha venido provocando una creciente concentración.

La evolución del sistema capitalista, en el último cuarto de siglo, se caracterizó por un proceso de homogeneización e integración del centro, un distanciamiento creciente entre el centro y la periferia y una considerable ampliación del foso que, dentro de la periferia, separa a una minoría privilegiada de las grandes masas de la población. Esos procesos no son independientes unos de otros: deben ser considerados dentro de un mismo cuadro evolutivo. La integración del centro permitió intensificar su tasa de crecimiento económico, lo que en gran parte responde por la ampliación del foso que lo separa de la periferia. Por otro lado, la intensidad del crecimiento del centro condiciona la orientación de la industrialización en la periferia, pues las minorías privilegiadas de esta última procuran reproducir el estilo de vida del centro. En otras palabras: cuanto más intenso el flujo de nuevos productos en el centro (ese flujo es función creciente del ingreso medio), más rápida la concentración del ingreso en la periferia.

La intensificación del crecimiento, en el centro, deriva de la acción de varios factores, de los que uno de los más importantes son las economías de escala de producción permitidas por la creciente homogeneización y unificación de los antiguos mercados nacionales.

probable que haya habido concentración que desconcentración del ingreso. Cabe admitir, por lo tanto, que si el ingreso de los países periféricos se halla hoy mucho más concentrado que el de los países céntricos, también estará mucho más concentrado de lo que lo estaba el ingreso de esos mismos países en cualquier etapa anterior de su proceso de industrialización. Para los datos relativos a la distribución del ingreso en los países céntricos, véase J. Marchal y J. Lecaillon, *La répartition du revenu national,* vols. I y II, París, 1958.

Como la industrialización que se realiza simultáneamente en la periferia se apoya en la sustitución de importaciones, en el marco de mercados pequeños, es natural que los desniveles de productividad tiendan a aumentar y la discontinuidad estructural dentro del sistema capitalista a ampliarse. Cabe agregar que el creciente control de la actividad económica en el centro por las grandes empresas y la orientación del progreso técnico hacia la producción en masa hacen aún más difícil, en el marco del capitalismo, la creación tardía de sistemas económicos nacionales. Evidentemente la situación varía en la periferia, y entre países, en función de la población, de la disponibilidad de recursos naturales, del nivel del ingreso alcanzado anteriormente, del dinamismo de las exportaciones tradicionales, de la capacidad externa de endeudamiento, etc. En países de gran población, la simple concentración del ingreso puede permitir la formación de un mercado suficientemente amplio y diversificado.[33]

¿Qué se puede decir sobre las tendencias evolutivas de las relaciones entre el centro y la periferia a partir del cuadro estructural que acabamos de esbozar? Hemos aludido al hecho de que una de las caracterís-

[33] En efecto: un país con 100 millones de habitantes y un ingreso percápita de 400 dólares (situación aproximada del Brasil en 1970), puede, concentrando el 40 por ciento del producto en manos del 10 por ciento de la población, dotarse de un mercado de 10 millones de consumidores con un ingreso medio de 1 600 dólares, lo cual es suficiente para permitir la instalación de un sistema industrial moderno; un país con 10 millones de habitantes, aunque tenga un ingreso percápita 50 por ciento más elevado (situación aproximada de Chile en 1970), aun cuando adopte una política igualmente drástica de concentración del ingreso, no dispondrá más que de 1.5 millones de personas con un ingreso medio de 1 600 dólares, lo cual es insuficiente para fundar un sistema industrial capaz de operar a un nivel adecuado de eficiencia.

ticas de ese cuadro es la creciente internalización de las transacciones comerciales entre países por las grandes empresas. También observamos que gran parte de las actividades industriales en la periferia surgía integrada con flujos de importación. En esa forma, una misma empresa controla unidades industriales en un país céntrico (o en más de uno), en varios países periféricos y las transacciones comerciales entre esas distintas unidades productivas. La situación es similar a la de una empresa que se integra verticalmente dentro de un país: opera una mina de carbón, una siderúrgica, una fábrica de tubos, etc. Existe, sin embargo, una diferencia importante derivada del hecho de que, en el primer caso, las distintas unidades productivas se hallan insertadas en sistemas monetarios diversos: surge, por lo tanto, el problema de transformar una moneda en otra, lo que implica encontrar otra empresa que realice una operación equivalente en sentido contrario, o provocar esa operación dentro de la misma empresa o de otra del mismo grupo. Tradicionalmente esas operaciones de compensación son hechas por los bancos. Sin embargo, dada la incierta situación cambiaria y monetaria de muchos países periféricos, una gran empresa, que opera internacionalmente, puede preferir crear ella misma los flujos compensatorios, estableciendo un sistema de precios interno que le permita planificar sus actividades a plazo más largo.

Tomemos un caso que no es típico pero que revela el fondo del problema. Imaginemos una empresa petrolífera operando en la Venezuela de antes de las complicaciones fiscales actuales. Esa empresa producía para el mercado interno cierta cantidad de petróleo, cuyos precios podían ser más o menos manipulados de manera de permitirle obtener la cantidad de moneda local necesaria para cubrir todos sus gastos locales. Una parte de la producción sería exportada para cubrir los insumos importados, inclusive la depreciación del capital. El resto de la producción (de lejos la mayor parte) sería exportada y correspondería al lucro líquido del capital invertido. En esa situación extrema la empresa puede ignorar la existencia de tasas de cambio: si los costos en moneda local aumentan, también aumenta el precio del petróleo que vende localmente. Consideremos ahora el caso más real de una industria de máquinas de coser, cuyo producto es vendido totalmente en el mercado interno. El producto de las ventas, después de cubiertos los gastos locales, es llevado al Banco Central para ser transformado en divisas, a fin de pagar los insumos importados y remunerar el capital. Si el Banco Central crea dificultades para la remisión de dividendos, la empresa puede verse tentada a elevar arbitrariamente los costos de los insumos importados: materiales especiales, patentes, asistencia técnica, etc. Supongamos que se multipliquen los casos como éste, surgiendo empresas en esa situación en todas partes: la presión sobre la balanza de pagos aumentaría y se depreciaría en forma persistente el cambio en forma más acentuada de lo que se elevaría el nivel interno de los precios. Como el capital está contabilizado en dólares, la rentabilidad sólo podría mantenerse si los precios de venta de la empresa crecieran relativamente, lo que tendería a frenar la actividad industrial. Imaginemos, alternativamente, otro escenario para nuestra industria de máquinas de coser. Supongamos que el industrial obtiene internamente ganancias suficientes para cubrir sus costos en moneda local, inclusive impuestos y gastos financieros locales; que después exporta piezas de máquinas hacia la matriz u otras subsidiarias de modo de compensar los insumos que importa; y que con el resto de su capacidad productiva desarrolle una línea de producción para el mercado internacional, obteniendo ganancias en divisas para remunerar el capital. De esta manera la empresa consigue prácticamente aislarse del sistema cambiario del país de la subsidiaria. Como la empresa está interesada en expandirse, tendrá que practicar una política de precios, tanto en el mercado interno como en el externo, capaz de fomentar la venta del producto. Sin embargo, en cada plano de producción tendrá que distribuir su capacidad productiva entre los dos mercados, teniendo en cuenta que, a partir de cierto nivel, los beneficios en moneda local deben sufrir la transferencia cambiaria. Supongamos que la empresa limite sus ventas en el mercado interno a lo necesario para cubrir los gastos en moneda local y que compense las importaciones de insumos con ventas de piezas directas a la matriz. En este caso, el beneficio bruto corresponde a las ventas en el mercado internacional. Comparando ese lucro con el capital invertido en la subsidiaria, la empresa obtiene su tasa de rentabilidad sin pasar por el sistema monetario del país de la subsidiaria. Si la misma empresa realiza operaciones de esa naturaleza con varias subsidiarias, es natural que indague qué factores responden por la diferencia de rentabilidad entre estas últimas. Admitiendo que la tecnología sea aproximadamente la misma, los principales factores causantes de las diferencias de rentabilidad serán: la escala de producción, las economías externas locales, el costo de los insumos que no pueden ser importados y de los impuestos locales, en términos de producto final. Los tres primeros factores están estrechamente vinculados a las dimensiones del mercado interno. En esta forma, si admitimos que el nivel de los impuestos sea el mismo, la rentabilidad relativa pasa a depender de la dimensión relativa del mercado interno y del costo de la mano de obra en términos de produción final. Ahora bien, el efecto positivo de la dimensión del mercado local tiende a un punto de saturación, que varía de una a otra industria. En la medida en que, para determinada industria, ese punto de saturación es alcanzado, el factor fundamental pasa a ser el costo de la mano de obra en términos de producto final vendido en el mercado internacional.

Si observamos el cuadro que acabamos de esbozar desde otro ángulo, vemos que la gran empresa, al organizar un sistema productivo que se extiende del centro a la periferia, consigue, en realidad, incorporar a la economía del centro los recursos de mano de obra barata de la periferia. En efecto, una gran empresa que orienta sus inversiones hacia la periferia está en condiciones de aumentar su capacidad competitiva gracias a la utilización de una mano de obra más barata, en términos del producto que lanza a los mercados. La situación es semejante a la de las empresas que utilizan inmigrantes temporarios, pagándoles salarios mucho más bajos que los que prevalecen en el país. Imaginemos una empresa norteamericana que se situase cerca de la frontera de México, pero en territorio de los Estados Unidos, y utilizara mano de obra mexicana pagada en moneda mexicana al nivel de los salarios de México; esos trabajadores seguirían residiendo en México (atravesando la frontera diariamente) y realizando sus gastos en ese país. Imaginemos, además, que esa empresa exportara a México mercaderías por el valor exacto de los gastos que realizara en pesos mexicanos. La legislación social que prevalece hoy en día en prácticamente todo el mundo impide ese tipo de "explotación" de la mano de obra. Pero se considera como normal que la misma fábrica americana se instale del lado mexicano de la frontera, utilice mano de obra local al nivel de salarios local y venda su producción en los Estados Unidos. Una fórmula intermedia, ampliamente practicada, consiste en atraer a inmigrantes temporarios y pagarles salarios superiores a los que prevalecen en sus países de origen pero inferiores a los salarios que se pagarían a obreros originarios del país céntrico. En varios países de Europa occidental la mano de obra extranjera, considerada como "temporaria", se aproxima al diez por ciento de la fuerza de trabajo, alcanzando, en el caso de Suiza, a un tercio de la mano de obra no especializada.

No existe una estimación del volumen de mano de obra barata utilizado directamente en los países periféricos por las grandes empresas en la producción manufacturera que éstas destinan al mercado internacional. Pero, en razón de los costos crecientes de la mano de obra inmigrante temporaria, bajo la presión de los sindicatos locales, y de los problemas sociales que se presentan cuando la masa de trabajadores socialmente desintegrados crece más allá de ciertos límites, es de esperar que la utilización de mano de obra directamente en la periferia tienda a ser la solución preferida por las grandes empresas. Por otra parte, esa solución tiende a reforzar la posición de esas empresas frente a los estados nacionales. En síntesis: se está configurando una situación que permite a la gran empresa utilizar técnica y capitales del centro y mano de obra (y capital) de la periferia, aumentando considerablemente su poder de maniobra, lo que refuerza la tendencia ya señalada a la "internacionalización" de las actividades económicas dentro del sistema capitalista.

Dijimos anteriormente que son las actividades económicas internacionales las que más rápidamente crecieron, en el último cuarto de siglo, en el centro del sistema capitalista. Ahora bien, las relaciones que se están estableciendo entre el centro y la periferia en el marco de las grandes empresas, están dando origen a un nuevo tipo de actividad internacional que puede llegar a constituir el segmento en expansión más rápida del conjunto del sistema. Cabe indagar si es adecuado seguir llamando "internacionales" a esas actividades. Cuando el economista piensa en términos de comercio internacional, tiene en vista transacciones entre unidades económicas integradas en distintas economías nacionales. El problema es menos de inmovilidad de factores, como dan a entender las formulaciones de los primeros economistas que teorizaron sobre la materia, que de existencia de sistemas relativamente autónomos de costos y precios. En otras palabras, a partir del momento en que se postula la existencia de un sistema económico nacional, dentro del cual los recursos productivos poseen un "costo de oportunidad" dado por el mejor uso que se puede hacer de ellos, la opción entre producir para el mercado interno el bien A, o producir otro bien para el mercado externo e importar el bien A, debe tener una solución óptima. Es evidente que, si se trata de múltiples opciones, que se extienden por períodos de tiempo diversos, son repercusiones retroactivas de unas sobre otras, el problema nunca podrá ser ecuacionado adecuadamente y mucho menos solucionado. Pero eso no es lo mismo que afirmar que la teoría está "equivocada".

Ahora bien, a partir del momento en que la categoría "sistema económico nacional" ya no puede ser tenida en cuenta, el teorema no puede ser formulado. Volvamos al ejemplo de la fábrica de máquinas de coser que se instala en un país de la periferia y remunera su capital con parte de la propia producción que exporta. En ese caso no existe una contrapartida de importaciones, pero eso no invalida la teoría de las ventajas comparativas. Las importaciones, en ese caso, son sustituidas por el flujo de capital y tecnología que señala la presencia en el país de la gran empresa dirigida desde el exterior. Todo sucede como si el país periférico, que dispone de un stock de mano de obra, tuviera que optar entre: *a*) usar parte de esa mano de obra para producir el bien X destinado al mercado externo, y poder así pagar las máquinas de coser importadas, o *b*) con parte de esa mano de obra remunerar capital y técnica del exterior, que se instalan en el país y, en combinación con otro contingente de mano de obra, producen esas mismas máquinas de coser para el mercado interno. Ese razonamiento sería correcto si el cuadro de referencia en el cual se toman las decisiones estuviera constituido por el sistema económico nacional. En otras palabras, si la congruencia de las decisiones fuera establecida internamente, figurando el precio de los recursos externos como simple parámetro del problema. Sin embargo, la realidad parece ser totalmente distinta. Las decisiones son tomadas por la gran empresa, para la cual el costo de la mano de obra de un país periférico, en términos de un artículo que ella produce en ese país y comercializa en el exterior, es un simple dato.

La gran empresa que exporta capital y técnica de los Estados Unidos hacia México e instala en ese país una fábrica cuya producción se destina al mercado norteamericano –habiendo considerable desempleo en los Estados Unidos (el costo social de la mano de obra es cero)–, toma decisiones a partir de un marco que supera la economía norteamericana considerada en sentido estricto. La gran empresa que desvía recursos financieros de un país periférico, porque en éste empiezan a subir los salarios, para invertirlos en otro en que la mano de obra es más barata, también está tomando decisiones a partir de un marco más amplio. El problema no se limita, con todo, al ámbito estrecho de las opciones para el uso de recursos escasos concebidos abstractamente. La verdad es que la gran empresa tiene como imperativo máximo expandirse, y para eso tiende a ocupar posiciones en las distintas áreas del sistema capitalista.[34] Los países del centro del sistema constituyen, con mucho, las áreas más importantes, razón por la cual el esfuerzo tecnológico se orienta principalmente a actuar en esos países. Los planes de producción en los países periféricos están condicionados por esa orientación técnica y los mercados internos de esos países son moldeados según la conveniencia de la acción global de la empresa.

[34] En rigor la expansión de las grandes empresas no se limita al área del sistema capitalista; las relaciones económicas entre el sistema capitalista y las economías socialistas siguen siendo esencialmente de naturaleza comercial, sin que ello impida que tales transacciones se realicen cada vez más por intermedio de las grandes empresas; además, acuerdos de cooperación están siendo firmados en número creciente (cerca de 600 hasta 1973) entre gobiernos de países socialistas y grandes empresas del mundo capitalista. Esos acuerdos rara vez implican participación en el capital de las empresas (ya se admiten pequeñas participaciones en Rumania y Hungría y, desde hace más tiempo, en Yugoslavia) y generalmente se vinculan a la creación de un flujo de exportaciones hacia los países capitalistas a cargo de las grandes empresas. Véase Comisión Económica de las Naciones Unidas para Europa, *Analytical report on industrial co-operation amog ECE countries,* 1973.

Sería un error deducir de las observaciones anteriores que las grandes empresas actúan fuera de todo marco de referencias, lo que implicaría negar, si no la racionalidad, por lo menos la eficiencia de su comportamiento. Pero parece fuera de toda duda que ese comportamiento, con mucha frecuencia, trasciende todo marco correspondiente a un sistema económico nacional. Más aún, en los países periféricos, la creciente acción de esas empresas tiende a crear estructuras económicas con respecto a las cuales difícilmente se puede pensar a partir del concepto de sistema económico nacional. El marco de las grandes empresas tiende a ser cada vez más el conjunto del sistema capitalista, marco éste que engloba un universo económico de gran heterogeneidad, cuya mayor discontinuidad deriva del foso existente entre el centro y la periferia. En ese mundo de gran complejidad, lleno de fronteras nacionales, con gran variedad de sistemas monetarios y fiscales, donde pululan las querellas políticas locales que ocasionalmente se transforman en guerras —todo eso bajo un tutela floja y poco institucionalizada—, las grandes empresas no pueden pretender alcanzar más que soluciones subóptimas. No obstante los inmensos recursos que dedican a la obtención de informaciones y los refinados medios que utilizan para elaborar esas informaciones, construir complejos modelos, simular "escenarios", etc., en la práctica deben contentarse con reglas simples; el excepcional éxito de algunas es atribuido por los cronistas de la profesión a la intuición de "hombres extraordinarios", repitiéndose así una vieja leyenda de la historia política.

La idea, apoyada por algunos estudiosos de la evolución actual del capitalismo, según la cual las economías céntricas tienden a una integración creciente a nivel nacional, mediante la planificación *indicativa* o a la cartelización e interpenetración de los grandes grupos con los órganos del Estado, tiene un elemento de verdad pero deja de lado lo esencial de la evolución del capitalismo en el último cuarto de siglo.[35] No queda duda de que, en las últimas tres décadas, las economías capitalistas industrializadas vienen operando con un grado de coordinación interna muy superior al que anteriormente se consideraba compatible con una economía de mercado. Esa coordinación, de inspiración keynesiana, constituye esencialmente una conquista de tipo social: gracias a ella, los costos humanos y sociales de operación de las economías capitalistas se redujeron considerablemente. También es probable que esa mayor coordinación haya repercutido de manera positiva en las tasas de crecimiento referentes a plazos medios y largos. Pero eso no es más que una hipótesis. Poca duda cabe, en cambio, de que la elevación de las tasas de crecimiento está vinculada a las economías de escala, al intenso intercambio tecnológico y al movimiento de capitales que acompañaron el proceso de integración de las economías céntricas. Sin el esfuerzo simultáneo de mayor coordinación interna, a nivel nacional, la expansión internacional bajo la égida de las grandes empresas habría provocado, con mucha probabilidad, desajustes locales, mayor concentración geográfica de la actividad económica y, posiblemente, reacciones en el plano político que quizá hubieran llegado a retardar el proceso de integración céntrica. Es sabido, por ejemplo, que el fuerte dinamismo del sector externo da origen a tensiones internas[36] que serían particu-

[35] Esa idea está brillantemente expuesta y defendida en el libro de A. Shonfield, *Modern capitalism, cit.*

[36] Cf. N. Kaldor, "Problems and prospects for reform", en *The banker,* septiembre de 1973.

larmente graves si esas economías no hubieran desarrollado técnicas tan refinadas de coordinación a nivel interno. De este modo, también se puede afirmar que ese progreso de la coordinación, a nivel interno, aceleró la integración a nivel internacional. En síntesis: la acción de los estados nacionales, en el centro del sistema, se amplió en determinadas direcciones para asegurar la estabilidad interna, sin la cual las fricciones en el plano internacional serían inevitables; pero por otro lado se modificó cualitativamente, con el fin de adaptarse a la actuación de las grandes empresas estructuradas en oligopolios, que tienen la iniciativa en el plano tecnológico y son el verdadero elemento motor en el plano internacional.

Las complejas relaciones que existen entre los gobiernos de los países céntricos, aisladamente o en subgrupos (los "diez más ricos", la Comunidad Económica Europea etc.), entre esos gobiernos y las grandes empresas (éstas actuando en forma coordinada en casos particulares), entre ellos y las instituciones internacionales (éstas casi siempre bajo el control del gobierno norteamericano), y finalmente entre ellos y el propio gobierno norteamericano, cuya posición hegemónica es contestada muchas veces en puntos particulares; esa red de relaciones difícilmente puede ser percibida con claridad. No solamente porque faltan estudios monográficos sobre muchos de sus aspectos fundamentales, sino principalmente porque ella se encuentra en proceso de estructuración. La experiencia ha demostrado que el margen de maniobra de que gozan los estados, para actuar en el plano económico, es relativamente estrecho. Si una economía sufre una dislocación, las presiones externas para que el respectivo gobierno adopte ciertas medidas pueden ser considerables. Esas presiones son ejercidas por otros gobiernos, por instituciones internacionales y directamente por las grandes empresas. Cabe referir que estas últimas disponen de una masa de recursos líquidos muy superior al conjunto de las reservas de los bancos centrales.[37] La situación del gobierno de los Estados Unidos es, por cierto, especial, entre otras muchas razones por el hecho de que emite la moneda que constituye la base del sistema monetario internacional. Con todo, la experiencia de 1972 puso en evidencia que el gobierno de ese país no puede lanzarse a una política de "pleno empleo" sin preocuparse de sus repercusiones en la balanza de pagos. Si el endeudamiento externo a corto plazo pasa de cierta cuota crítica, las grandes empresas pueden ejercer una presión sobre el dólar capaz de obligar al gobierno norteamericano a tener que escoger entre desvalorizar la moneda o alterar el rumbo de la política interna.

Cualquier especulación sobre la evolución, en los próximos años, de la red de relaciones que forma la nueva superestructura del sistema capitalista en proceso de unificación, tiene un valor estrictamente exploratorio. Dos líneas generales parecen definirse: por un lado el proceso de integración tiende a reforzar a las grandes empresas, por otro la necesidad de asegurar la estabilidad, a nivel interno, de cada

[37] Las reservas líquidas de que disponen las grandes empresas en el plano internacional, incluidos activos que pueden ser liquidados a corto plazo, son del orden de los 250 mil millones de dólares, superando con mucho la totalidad de las reservas del conjunto de bancos centrales del sistema capitalista. Cf. Comisión de Finanzas del Senado de los Estados Unidos, *Implications of multinational firms for world trade and investment and for United States trade and labor*, Washington, D. C., 1973.

subsistema nacional, requiere creciente eficiencia y refinamiento en la acción de los estados. La situación corriente en la actualidad es de alianza entre grandes empresas y los gobiernos respectivos para obtener ventajas internas y externas. Pero también se observa la acción conjunta de empresas originarias de países distintos dirigida a hacer presión sobre los gobiernos, inclusive el propio. La experiencia ha demostrado que el control del capital de una gran empresa por un gobierno no afecta necesariamente de manera sustancial su comportamiento en esa materia. Las empresas, por muy grandes que sean, son organizaciones relativamente simples en lo que respecta a sus objetivos. Estando altamente burocratizadas, poseen una gran coherencia interna, lo que facilita y requiere claridad de objetivos. El Estado, en una sociedad de clases y donde grupos rivales compiten y casi siempre se dividen de alguna manera el poder, consituye una institución mucho más compleja, de objetivos menos definidos y cambiantes, y por lo tanto menos lineal en su evolución. No cabe duda de que las grandes empresas reúnen un poder considerable a nivel social, pues controlan las formas de invención más poderosas, que son aquellas fundadas en la técnica y en el control del aparato de producción. Pero cuando la sociedad, o segmentos de ella, reacciona contra la asfixia creada por el uso de ese poder, las ondas que se levantan repercuten en las estructuras del Estado, de donde ocasionalmente parten iniciativas correctivas. Se puede admitir la hipótesis de que la misma expansión internacional de las grandes empresas favorezca la liberación del Estado de la tutela que éstas ejercen hoy en sus respectivos países. En otras palabras, en la medida en que se apoye internacionalmente para ampliar su poder, la gran empresa posiblemente encontrará mayores dificultades para asumir el mando, cubrirse con el manto del "interés nacional" dentro de su propio país. Habría una provincianización de los estados, pero una representatividad más efectiva de los distintos aspectos de la sociedad civil capacitaría al poder político para ejercer el papel director de la vida social que se hace cada vez más necesario. Si la evolución se realiza en esa dirección, debe admitirse que surjan tensiones entre estados nacionales y grandes empresas, o grupos de grandes empresas, tensiones ésas que pasarán a ser un factor importante en las transformaciones del sistema en su conjunto: podrán agravarse y abrir brechas capaces de acarrear mutaciones cualitativas reorientadoras de todo el proceso evolutivo; pero también podrán provocar reacciones en el plano de la superestructura tutelar, llevando a una mayor institucionalización de ésta y a la constitución de órganos dotados de poder coercitivo, cuyo objetivo sería preservar la integridad del sistema.

Lo dicho en el párrafo anterior son simples conjeturas sugeridas por la observación de ciertas tendencias de la evolución estructural del sistema capitalista. No pretenden significar que la lucha de clases haya de atenuarse, ni mucho menos que ese Estado, semiprovincianizado, pero aun así responsable de la estabilidad de una sociedad de clases, sea el simple administrador de un consenso que permearía toda la vida social. Es posible que las clases trabajadoras lleguen a tener un peso creciente en la orientación de un Estado que debe entenderse con el sistema de grandes empresas a partir de posiciones de fuerza. En este caso, cabría admitir que la evolución de las clases trabajadoras se haga en el sentido de una creciente identificación con las sociedades nacionales a las que pertenecen, o mejor, con un proyecto de desarrollo social que puede ser dirigido a partir del Estado de cuyos centros de decisión participan.[38] Eso no significa necesariamente que tiendan hacia un *nacionalismo,* sino que sus preocupaciones tenderían a concentrarse en el plano de la acción política, en el cual tendrían una influencia creciente. Paralelamente, el creciente peso de los grupos dirigentes de las grandes empresas en la clase capitalista no podrá dejar de influir sobre la visión que ésta tiene del mundo, en el sentido de un *dépassement* del cuadro nacional. El sentirse miembro de una "clase internacional", que es hoy una característica de los cuadros superiores de la burocracia de las grandes empresas, tendería a ser una actitud generalizada de las capas superiores de la clase capitalista. La distancia entre la actitud ideológica de esas capas y la clase de los pequeños capitalistas, que todavía no estén presos en la red de subcontratistas de las grandes empresas, tendería a ampliarse. La pequeña empresa local, antes presentada como anacronismo de elevado costo social, pasa a ser defendida como parte de un paisaje cultural amenazado. Entre el poujadismo y la defensa de la calidad de la vida existe una impor-

[38] La idea de una revigorización del *internacionalismo* de la clase obrera, como respuesta al *internacionalismo* de las grandes empresas, me parece de poco fundamento en la realidad. Es perfectamente posible que los grandes sindicatos de los países céntricos enfrenten, mediante una acción articulada, maniobras de las grandes empresas tendientes a compensar la baja de producción en un país (donde hay una huelga) con el aumento de producción en otro. Sin embargo, sería difícil imaginar que los obreros de un país pueden movilizarse para reducir el nivel de empleo en su propio país, en beneficio de la expansión del empleo en otro. Tanto más cuanto que los países cuyos obreros deberían sacrificarse por solidaridad internacional son precisamente aquellos en los que el nivel de vida es más bajo.

tante evolución con repercusiones sobre la relación de fuerzas entre las clases sociales.

El papel de la superestructura tutelar del sistema capitalista no se limita a promover la ideología de la integración y a, ocasionalmente, arbitrar en conflictos regionales. Esa superestructura tiene una historia, que está esencialmente ligada a la delimitación de las fronteras del sistema. Se puede admitir, en un plano de conjetura, que las economías capitalistas siempre tenderían, en una fase de su historia, a un proceso de integración. Pero no hay duda de que la rapidez con que ha avanzado esa integración en el último cuarto de siglo, y la forma que ha asumido, están directamente ligadas a la existencia de un grupo de países no capitalistas, considerados como amenaza externa e interna para el sistema capitalista por los grupos dirigentes de éste. La rápida y entusiasta aceptación por los grupos capitalistas dirigentes, en Alemania y en el Japón, del liderazgo norteamericano, no sería fácil de explicar sin el clima psicológico creado por la *guerra fría*. La movilización psicológica fue esencial para delimitar la frontera, pero la consolidación de ésta requirió negociar con el adversario un conjunto de reglas de comportamiento. Cabe a la superestructura tutelar la función de velar por la integridad de las fronteras y de entenderse con el adversario en cualquier momento en que problemas de solución pendiente o problemas nuevos amenacen escapar al mutuo control. En la medida en que se acordó un sistema básico de comunicación y que los intereses fundamentales de los dos lados fueron mutuamente reconocidos, se crearon posibilidades de relaciones económicas mutuamente ventajosas. Que esas posibilidades hayan sido explotadas rápidamente por las grandes empresas constituye una indicación clara de la extraordinaria capacidad de esas organizaciones para actuar en el plano internacional. Es ése un hecho de considerable importancia, pues viene a revelar la capacidad que tienen las grandes empresas para adaptarse a distintas formas de organización social. Se trata de una simple indicacion de virtualidad, pues el comportamiento de las grandes empresas, es todo menos ideológicamente neutral. Ahí está la reciente actuación de la ITT en Chile para demostrar que muchas de ellas no vacilan, en un enfrentamiento en el que el elemento ideológico esté presente, en practicar actos de verdadero bandolerismo internacional. Sin embargo, otras experiencias, como la de Guinea, revelan que también ellas se están preparando para defender sus intereses sin prestar excesiva atención a las querellas ideológicas locales. Parece seguro que una mutación social en un país importante del centro del sistema capitalista, que implicara quitarle a las grandes empresas el control de la tecnología y de la orientación de las formas de consumo, no podría suceder sin provocar una gran reacción. Pero todo lleva a creer que las grandes empresas, enfrentadas a una situación de difícil reversibilidad, se adaptarían, pues en una burocracia siempre tiende a prevalecer el instinto de supervivencia, aunque ella requiera amputaciones importantes a nivel de los dirigentes ocasionales.

Opciones de los países periféricos

Las nuevas formas que está asumiendo el capitalismo en los países periféricos no son independientes de la evolución global del sistema. Sin embargo, parece innegable que la periferia tendrá en esa evolución una importancia creciente, no sólo porque los países céntricos dependerán cada vez más de recursos naturales no reproducibles suministrados por ella, sino también porque las grandes empresas encontrarán en la explotación de su mano de obra barata uno de los principales puntos de apoyo para afirmarse en el conjunto del sistema. Pero, si es difícil especular sobre tendencias con respecto al centro, más aún lo es por lo que se refiere a la periferia, cuyas estructuras sociales y cuadro institucional han sido poco estudiados, o han sido vistos bajo la luz distorsionadora de las analogías con otros procesos históricos.

El dato más importante a señalar, en lo que concierne a los países periféricos en más avanzado proceso de industrialización, es la considerable dificultad de coordinación de sus economías en el plano interno, en razón de la forma como se están articulando con la economía internacional en el cuadro de las grandes empresas. Si existen dificultades de coordinación interna en los países céntricos, según lo hemos observado, el problema asume una complejidad mucho mayor en la periferia. No me refiero a la situación clásica del pequeño país donde el nivel de los gastos públicos y la situación de la balanza de pagos reflejan las decisiones tomadas por una gran empresa exportadora de recursos naturales. La situación es distinta, pero no por eso más cómoda, en aquellos países en que las principales actividades comerciales vinculadas al mercado interno están controladas por grandes empresas con proyectos propios de expansión internacional, de los cuales poco conocimiento tienen los gobiernos de los países en que éstas actúan. Esa debilidad del Estado, como instrumento de dirección y coordinación de las actividades económicas, en función de algo que pueda ser definido como el interés de la colectividad local, pasa a ser un factor significativo en el proceso evolutivo. Impotente en cosas fundamentales, el Estado tiene, sin embargo, grandes responsabilidades en la construcción y operación de servicios básicos, en la garantía de un orden jurídico, en la imposición de disciplina a las masas trabajadoras. El crecimiento del aparato estatal es inevitable, y la necesidad de perfeccionamiento de sus cuadros superiores pasa a ser una exigencia de las grandes empresas que invierten en el país.

Así, la creciente inserción de las economías periféricas en el campo de acción internacional de las grandes empresas está contribuyendo a la modernización de los estados locales, los cuales han tendido a ganar considerable autonomía como organizaciones burocráticas. Siendo por un lado impotentes, y por el otro necesarias y eficientes, esas burocracias tienden a multiplicar iniciativas en direcciones diversas. La orientación de las actividades económicas, al imponer la concentración del ingreso y acarrear la coexistencia de formas suntuarias de consumo con la miseria de las grandes masas, es fuente de tensiones sociales que repercuten en el plano político. El Estado, incapaz de modificar esa orientación, se agota en la lucha contra sus efectos. Las frustraciones políticas llevan a la inestabilidad institucional y al control del Estado por las fuerzas armadas, lo que contribuye a reforzar más aún su carácter burocrático. En síntesis, el creciente control "internacional" de las actividades económicas de los países periféricos acarrea una precoz autonomía del aparato burocrático estatal. Frecuentemente ese aparato es controlado desde fuera del país, pero en todas partes está expuesto a ser tomado por grupos surgidos del proceso político interno, el cual varía de un lugar a otro y, con las circunstancias, dentro de cada país, pero que en todas partes está marcado por el sentimiento de impotencia que resulta de la dependencia en que se encuentran las actividades económicas fundamentales de centros de decisión exteriores al país. La relativa autonomía de las burocracias que controlan los estados en la periferia refleja, en cierta medida, el sentido de las modificaciones ocurridas en la superestructura política del conjunto del sistema. La destrucción de las formas tradicionales de colonialismo debe ser entendida como parte del proceso de destrucción de las barreras institucionales que dividían en compartimientos el mundo capitalista. En la medida en que la economía internacional pasó a ser dominada fundamentalmente por las grandes empresas, la acción directa de los estados del centro sobre las administraciones de los países de la periferia se volvió innecesaria, siendo frecuentemente denunciada como discriminatoria en favor de las empresas de cierta nacionalidad. Es bien sabido que ese proceso se viene realizando en forma muy irregular: en algunas casos poblaciones "expatriadas" constituyen fuertes grupos de presión, exigiendo la presencia directa o indirecta de la antigua metrópoli, lo que da lugar a formas de colonialismo apenas disimuladas; otras veces, grupos dirigentes amenazados de perder el control del poder local apelan al apoyo político externo. Pero, de modo general, la intervención directa de los gobiernos de los países céntricos en los países de la periferia ha tendido a ser excepcional, si no contamos las intervenciones norteamericanas ligadas a la defensa de las fronteras del sistema. Dentro de ese cuadro estructural, las burocracias que dirigen la mayoría de los países periféricos avanzaron considerablemente en un proceso de autoidentificación con los intereses "nacionales" respectivos. Aunque, en casos particulares, esos intereses se confunden con los del pequeño grupo que controla el aparato del Estado, en general la concepción del interés nacional es más amplia y se dirige a la mejora de las condiciones de vida de un grupo importante de la población, casi siempre constituido por las personas integradas en el sector moderno de la economía. Uno de los sectores en que los estados periféricos pueden ejercer su autonomía frente a las grandes empresas es el de la defensa de los recursos naturales no renovables del respectivo país. La expansión del sistema en el centro depende, cada vez más, del acceso a las fuentes de esos recursos, localizados en la periferia. Ya hemos aludido a la situación de los Estados Unidos, que son, desde ese punto de vista, un país privilegiado. La demanda de recursos naturales no crece paralelamente al ingreso percápita: a partir de cierto nivel de ingreso tiende a estabilizarse. Por ejemplo, el consumo de cobre por habitante se triplicó en los Estados Unidos entre 1900 y 1940, pero permaneció estable entre 1940 y 1970: el consumo de acero por habitante del mismo país creció más de tres veces entre 1900 y 1950, pero permaneció estable entre esa fecha y 1970.[39] Por otra parte, el consumo de metales por la industria puede ser mayor o menor, independientemente del nivel de ingreso, en función de la naturaleza de las exportaciones del país. Sin embargo, si se tiene en cuenta que el nivel de ingreso medio del conjunto de la población del centro del sistema, excluidos los Estados Unidos, es inferior a la mitad del de este país, se vuelve evi-

[39] Véanse las gráficas 29 y 30 de *The limits to growth, cit.*

dente que la demanda de metales continuará creciendo en el centro por muchos años todavía en forma mucho más intensa que la población. Si se añade a eso que las reservas de más fácil explotación de los países céntricos (como vimos en el caso de los Estados Unidos) se están agotando, es fácil comprender la creciente "dependencia" de esos países de los recursos no renovables de la periferia. Esa dependencia continuará aumentando aun cuando se estabilice el consumo de los mencionados recursos en el centro, lo que no es de ningún modo probable que suceda en el futuro previsible.

La utilización de las reservas de recursos naturales como un instrumento de poder por los estados periféricos requiere una articulación entre países que de ningún modo es tarea fácil. Pero el hecho de que esa articulación se esté llevando a cabo con evidente éxito en el caso del petróleo, constituye una indicación del considerable refinamiento que están alcanzando las burocracias que controlan esos estados. Es verdad que las grandes empresas no serán siempre hostiles a esa política, pues tratándose de productos de demanda no elástica la elevación de precios no podrá dejar de tener repercusión favorable en su facturación, lo que casi siempre significa aumento de las ganancias.[40] Es evidente que la situación será diferente si los países periféricos aspirasen a un control

[40] Lo sucedido recientemente con las compañías petroleras constituye un ejemplo claro de esa situación. En el primer trimestre de 1974, con respecto al mismo período del año anterior, las ganancias líquidas de la Exxon aumentaron en un 40 por ciento, las de la Mobil Oil en un 65 por ciento, las de la Texaco en 120 por ciento, las de la Occidental Petroleum en 520 por ciento; por otra parte, las ganancias de 1973 ya habían aumentado un promedio de 50 por ciento con respecto a las del año anterior. Véase *Le Monde* del 29 de mayo de 1974, p. 38.

total de la producción y comercialización de esos productos. Pero, aún así, el adelanto que tienen las grandes empresas, en lo que respecta a la capacidad de organización y a la tecnología, les asegura la posibilidad de seguir negociando desde una posición de fuerza por mucho tiempo.

Sucede, sin embargo, que los recursos no renovables más importantes, cuyos precios pueden ser efectivamente controlados por los países periféricos –siempre que éstos logren articularse de manera eficaz–, están distribuidos en forma sumamente desigual. El caso reciente del petróleo puso en evidencia las considerables transferencias de recursos que pueden ocurrir dentro de la misma periferia como consecuencia de este tipo de política. Los beneficios reales para ciertos países son importantes, pero esos países sólo albergan una pequeña minoría de la población que vive en la periferia. Gran parte de los nuevos recursos financieros de que disponen tendrán casi necesariamente que ser invertidos en el centro del sistema. Hay pues una transferencia de activos que transformará en rentistas a parte de la población de los países beneficiarios, sin que la estructura de la economía capitalista se modifique de manera sensible. También es posible que los países beneficiarios coloquen a disposición de otros países periféricos parte de los mencionados recursos. Pero, si esos recursos son utilizados para reforzar el proceso de desarrollo tal como éste se realiza actualmente –por ejemplo, para crear infraestructura e industrias básicas generadoras de economías externas para las grandes empresas– las relaciones entre el centro y la periferia no se modificarán de manera sensible.

La política de elevación de los precios relativos de

los productos no fácilmente sustituibles,[41] que exportan los países periféricos, constituye seguramente un marco en la evolución de esos países pero, como hemos indicado, no significa un cambio de rumbo en el proceso evolutivo del conjunto del sistema capitalista. No se excluye la hipótesis de que la posición internacional de las grandes empresas resulte reforzada, encargándose ellas de absorber gran parte de los nuevos recursos líquidos encaminados hacia el mercado financiero internacional. Una pequeña parte de la población periférica, localizada en unos pocos países, tendrá acceso a las formas más avanzadas de consumo, y algunos estados podrán ascender a un papel hegemónico en ciertas subáreas. Sin embargo, las modificaciones en el conjunto de la periferia serán poco perceptibles.

Pero es posible que la experiencia adquirida en el sector de los recursos no renovables llegue a ser utilizada en la defensa del valor real del trabajo, que las grandes empresas explotan en los países periféricos. Como ya se ha señalado, la rápida expansión de la

[41] La capacidad de un cártel organizado por un grupo de países para elevar los precios de exportación de un producto y así modificar la distribución del ingreso a escala mundial, es tanto mayor cuanto más rígida es la demanda a corto plazo del producto y más difícil su sustitución a plazo medio. A este respecto, la situación del petróleo es extremadamente favorable. La situación de los metales no ferrosos se aproxima a ella, especialmente si fuera posible considerarlos en conjunto. En el caso de los productos agrícolas tropicales la posibilidad de sustitución es mayor, especialmente entre las capas de la población de más bajo nivel de ingreso. Sin embargo, ese margen de sustitución tiende a agotarse y a partir de ese punto la demanda adquiere una rigidez considerable. En el caso de los productos agrícolas de clima templado el margen de sustitución es aún mayor, pues a plazo medio su producción puede ser aumentada en los países céntricos, si los precios se mantienen por encima de ciertos niveles.

economía internacional —el sector más dinámico de la economía capitalista— tiende a basarse en la utilización de las grandes reservas de mano de obra barata que existen en la periferia. Aquí se presentan dos problemas: el de la apropiación de los frutos de la expansión económica y el de la orientación general del proceso de acumulación. Dada la gran disparidad de niveles de vida que se observa actualmente dentro de la periferia, las grandes empresas están en una posición de fuerza para mantener los salarios al nivel más bajo.[42] Toda presión en el sentido de elevarlos puede ser contenida mediante el desvío de las inversiones hacia otras áreas que ofrezcan condiciones más favorables. La gran empresa que produce productos manufacturados en la periferia para el mercado del centro, tiene un margen de maniobra tanto mayor cuanto más bajos son los salarios que paga. Ese margen le permite, tanto expandir el mercado a corto plazo, como aumentar su capacidad de autofinanciamiento. En cualquiera de los dos casos, cuanto mayor es el margen, mayor es la parte del valor adicionado que permanece fuera del país periférico en que se localiza la industria. Todo sucede como si el trabajo fuera un recurso que se exporta, siendo la tasa de salario el precio de exportación. Si el conjunto de los países periféricos resolviera súbitamente duplicar, en términos de moneda inter-

[42] Incluso pagando salarios algo por encima del "precio de oferta" local de la mano de obra, las grandes empresas obtienen, en la periferia, una fuerza de trabajo considerablemente más barata que en los países céntricos. Se estima, por ejemplo, que los salarios pagados por las grandes empresas en el sureste de Asia, por tareas similares, corresponden a un sexto de los pagados en Alemania y a un décimo de los pagados en los Estados Unidos. Con respecto a América Latina (excluyendo a la Argentina) la diferencia debe ser semejante.

nacional, el precio de exportación de la fuerza de trabajo, el resultado sería similar a lo que sucede cuando aumentan los precios de un producto de exportación que goza de una demanda no elástica en el centro. En realidad esa elevación ha tenido lugar en situaciones especiales: así, los obreros de la industria del cobre en Chile ya años atrás habían conseguido elevar sus salarios considerablemente por encima del "precio de oferta" de la mano de obra en ese país. Esa elevación podría haber llegado más lejos, pero el gobierno chileno prefirió utilizar el método del impuesto directo para ampliar el margen de valor adicionado de esa industria que era retenido en el país. Si se tratara de una industria manufacturera con múltiples líneas de producción, cuyos precios de exportación pueden ser manipulados fácilmente, la vía fiscal se hace más difícil de utilizar. En efecto, ¿cómo conocer la rentabilidad de la filial de una gran empresa instalada en un país del sureste asiático, si los precios de todos los insumos utilizados son administrados por la matriz, al igual que los precios de los productos exportados?

Es difícil hacer conjeturas sobre una elevación general de los salarios reales en las actividades exportadoras de los países periféricos. Como la tasa de salario varía mucho entre los países periféricos, las consecuencias serían distintas de un país a otro, especialmente si la elevación se hiciera en el sentido de una mayor uniformidad. No se puede perder de vista que a una tecnología similar pueden corresponder distintos niveles de productividad física de la mano de obra en función del nivel general de desarrollo del país. La unificación de las tasas de salario, en las actividades exportadoras industriales de los países periféricos, tendería pues a beneficiar a aquellos de mayor adelanto industrial relativo. El problema es, por cierto, mucho más complejo que el de la elevación del precio de un producto homogéneo que goza de demanda no elástica en el centro. Pero es por ese camino que, más tarde o más temprano, tendrán que avanzar los países periféricos para apropiarse de una porción mayor del fruto de su propia fuerza de trabajo. Si las grandes empresas continúan pagando en la periferia salarios correspondientes al "precio de oferta" de la fuerza de trabajo, el propio proceso de industrialización de los países periféricos contribuirá a ampliar el foso que los separa del centro del sistema.

La política de elevación de la tasa de salario real a la que nos hemos referido en los párrafos anteriores, tendría como consecuencia directa la creación de un diferencial de salarios entre el sector ligado a la exportación y el resto de la economía local. De ahí resultaría la formación de una nueva capa social, semiintegrada en las formas "modernas" de consumo. Como el grado de acumulación alcanzado en la economía no permite generalizar esa tasa de salario, el fondo del problema del subdesarrollo no se modificaría. Para alcanzar ese fondo sería necesario que los recursos retenidos en el país periférico pudieran ser utilizados en un proceso acumulativo orientado hacia la modificación de la estructura del sistema económico en el sentido de una creciente homogeneización. La cuestión última reside en la orientación del proceso de acumulación, y esa orientación seguiría en manos de las grandes empresas. Asumir esa orientación, es decir, establecer prioridades en función de objetivos sociales coherentes y compatibles con el esfuerzo de acumulación, sería la única forma de liberar la economía de la tutela de las grandes empresas. Ese camino no es fácil y es natural que las burocracias que controlan los estados en el mundo periférico se sientan poco atraídas por él. Sin embargo, las tensiones sociales crecientes que engendran las actuales tendencias estructurales del sistema podrían forzar a muchas de esas burocracias a adoptar caminos imprevistos, inclusive el de una preocupación efectiva por los intereses sociales y la búsqueda de formas de convivencia con las grandes empresas que sean compatibles con una orientación interna del proceso de desarrollo.[43]

El mito del desarrollo económico

Si dejamos de lado las conjeturas y nos limitamos a observar el cuadro estructural presente del sistema capitalista, vemos que el proceso de acumulación tiende a ampliar el foso entre un centro en creciente homogeneización y una constelación de economías periféricas cuyas disparidades continúan agravándose. En efecto, la creciente hegemonía de las grandes empresas en la orientación del proceso de acumulación, se traduce, en el centro, en una tendencia a la homogeneización de las pautas de consumo y, en las eco-

[43] La aceptación por parte de las grandes empresas, inicialmente por las europeas y japonesas y más recientemente por las norteamericanas, de las normas restrictivas impuestas por el código de inversiones extranjeras de los países del Grupo Andino es un ejemplo claro de la rapidez con que esas empresas pueden adaptarse a nuevas situaciones. Aparentemente la adaptación es más fácil si las restricciones se refieren a la propiedad de los bienes de producción y más difícil si interfieren en la orientación del desarrollo, es decir, en definición de los productos y de los métodos productivos. En síntesis: la gran empresa está dispuesta a abandonar la propiedad de los bienes de producción, pero no el control de la tecnología.

nomías periféricas, por un distanciamiento de las formas de vida de una minoría privilegiada con respecto a la masa de la población. Esa orientación del proceso de acumulación es, por sí sola, suficiente para que la presión sobre los recursos no reproducibles sea sustancialmente inferior a la que sirve de fundamento a las proyecciones alarmistas a las que nos refiriéramos anteriormente.

Cabe distinguir dos tipos de presión sobre los recursos. El primero está ligado a la idea de freno malthusiano: se refiere a la disponibilidad de tierra arable a ser utilizada en el contexto de la agricultura de subsistencia. En los países en que el nivel de vida de gran parte de la población se aproxima al nivel de subsistencia, la disponibilidad de tierras arables (o la posibilidad de intensificar su cultivo mediante un pequeño aumento de los costos de producción en términos de mano de obra no especializada) es un factor decisivo en la determinación de la tasa de crecimiento demográfico. No hay duda de que el acceso a las tierras puede ser dificultado por factores institucionales y de que la oferta local de alimentos puede ser reducida por la ampliación de cultivos de exportación. En los dos casos aumenta la presión sobre los recursos, si existe una densa población rural dependiente de la agricultura de subsistencia. Los efectos de ese tipo de presión sobre los recursos solamente se propagan cuando la población tiene la posibilidad de emigrar: de modo general, se agotan dentro de las fronteras del país. Lo que interesa señalar es que ese tipo de presión sobre los recursos puede provocar calamidades en áreas delimitadas, como ocurre actualmente en el Sahel africano, pero en poco afecta el funcionamiento del conjunto del sistema.

El segundo tipo de presión sobre los recursos es causado por los efectos directos e indirectos de la elevación del nivel del consumo de las poblaciones y está estrechamente vinculado a la orientación general del proceso de desarrollo. El hecho de que el ingreso se mantenga considerablemente concentrado en los países de más alto nivel de vida agrava la presión sobre los recursos que genera, necesariamente, el proceso de crecimiento económico.[44] También se puede afirmar que la creciente concentración del ingreso en favor del centro del sistema, es decir, la ampliación del foso que separa a la periferia de ese centro, constituye un factor adicional de aumento de la presión sobre los recursos no reproducibles. En efecto, si estuviese mejor distribuido en el conjunto del sistema capitalista, el crecimiento dependería menos de la introducción de nuevos productos finales y más de la difusión del uso de productos ya conocidos, lo que se traduciría en un coeficiente de desperdicio más bajo. La capitalización tiende a ser tanto más intensa cuanto más el crecimiento esté orientado hacia la introducción de nuevos productos finales, es decir, hacia el acortamiento de la vida útil de bienes ya incorporados al patrimonio de las personas y de la colectividad.[45] En esta forma, la simple concentración

[44] Si el grado de concentración del ingreso se mantiene y el ingreso medio está en expansión, eso significa que los nuevos recursos creados están siendo distribuidos con el mismo grado de desigualdad de los recursos ya existentes. Una persona que ya dispone de un ingreso diez veces superior al medio estará recibiendo recursos nuevos en cantidad diez veces superior al promedio. Si esos recursos se distribuyeran entre diez personas, un mismo bien multiplicado por diez podría absorber el incremento del ingreso; en el caso de que los recursos estén concentrados en manos de una sola persona, tal vez sean necesarios diez bienes diferentes, lo cual, en la práctica, se logra en gran parte reduciendo la vida de los bienes ya existentes.

[45] Cf. C. Furtado, "Subdesarrollo y dependencia", *cit.*

geográfica del ingreso en beneficio de los países que gozan del nivel de consumo más alto, engendra una mayor presión sobre los recursos no reproducibles.

Si el primer tipo de presión sobre los recursos es localizado y crea su propio freno, el segundo es acumulativo y ejerce presión sobre el conjunto del sistema. Las proyecciones alarmistas del estudio. *The limits to growth* se refieren esencialmente a ese segundo tipo de presión. Las relaciones entre la acumulación de capital y la presión sobre los recursos, que son el fundamento de las proyecciones, se basan en observaciones empíricas y pueden ser aceptadas como una primera aproximación válida. Lo que no se puede aceptar es la hipótesis, también fundamental en esas proyecciones, según la cual las actuales pautas de consumo de los países ricos tienden a generalizarse en escala planetaria. Esa hipótesis está en contradicción directa con la orientación general del desarrollo que se realiza actualmente en el conjunto del sistema, de la cual resulta la exclusión de las grandes masas que viven en los países periféricos de las gratificaciones creadas por ese desarrollo. Ahora bien, son precisamente esos excluidos los que forman la masa demográfica en rápida expansión.

La población del mundo capitalista está formada hoy por aproximadamente dos mil quinientos millones de individuos.[46] De este total, cerca de 800 millones viven en el centro del sistema y 1 700 millones en la periferia. Las tendencias evolutivas de esos dos conjuntos de población están definidas en sus lineamientos fundamentales y no existe evidencia de que vayan a modificarse, en el curso de las próximas décadas, como consecuencia de presión sobre los recur-

[46] Véase nota 21.

sos, sea del primero o del segundo tipo mencionados. Siendo así, y si se excluye la hipótesis de un flujo migratorio sustancial de la periferia hacia el centro, se puede admitir que la población del conjunto de los países céntricos alcance, dentro de un siglo, los mil docientos millones de habitantes. La opinión de que esa masa demográfica tiende a estabilizarse en las próximas décadas es aceptada por la mayoría de los estudiosos de la materia. El cuadro formado por el segundo subconjunto demográfico es mucho más complejo en su dinámica. La presión sobre los recursos del primer tipo, desempeña en este caso un papel fundamental. Sin embargo, si se tiene en cuenta la actual estructura de edad de esa población, de la cual cerca de la mitad se encuentra hoy por debajo de la edad de procreación, parece fuera de toda duda que las tasas de natalidad se mantendrán elevadas durante varias generaciones. Es ésa una de las consecuencias de la orientación del desarrollo que, al concentrar el ingreso en beneficio de los países ricos y de las minorías ricas en los países pobres, reduce el efecto de la elevación del nivel de ingreso sobre la tasa de natalidad, con respecto al conjunto del sistema. Se puede admitir como probable que, en el curso del próximo siglo, la población de la periferia se duplique cada 33 años, lo que significa que pasaría de 1 700 a 13 600 millones. Siendo así, la población de los países céntricos se multiplicaría por 1.5 y la de los países periféricos por 8, de lo que resulta que la población del conjunto aumentaría de 2 500 a 14 800 millones, es decir, se multiplicaría por 5.9.

Por lo que se refiere a la presión sobre los recursos del segundo tipo, es decir, la presión acumulativa capaz de generar tensiones en el conjunto del sistema, interesa menos la división entre centro y periferia que la división entre aquellos que se benefician del proceso de acumulación de capital y aquellos cuyas condiciones de vida sólo son afectadas por ese proceso en forma marginal o indirecta. Es decir, es más importante el foso que la actual orientación del desarrollo crea dentro de los países periféricos que el otro foso que existe entre éstos y el centro del sistema. Las informaciones relativas a la distribución del ingreso en los países periféricos ponen en evidencia que la porción de la población que reproduce las formas de consumo de los países céntricos es reducida. Además, esa porción no parece elevarse de manera significativa con la industrialización. El fondo del problema es simple: el nivel de ingreso de la población de los países céntricos es, en promedio, casi diez veces más elevado que el de la población de los países periféricos. Por lo tanto, la minoría que en esos países reproduce las formas de vida de los países céntricos debe disponer de un ingreso casi diez veces mayor que el ingreso percápita del propio país. Más precisamente, la porción máxima de la población del país periférico en cuestión que puede tener acceso a las formas de vida de los países céntricos es el diez por ciento. En este caso límite, el resto de la población (90 por ciento) no podría sobrevivir, pues su ingreso sería de cero. En el caso típico de la presente situación en la periferia, entre un tercio y la mitad del ingreso es apropiada por la minoría que reproduce las pautas de vida de los países céntricos y la otra parte (entre la mitad y los dos tercios) se reparte en forma más o menos desigual entre la masa de la población; en ese caso, la minoría privilegiada no puede ir mucho más allá del 5 por ciento de la población del país.

Ese 5 por ciento de privilegiados de la periferia

corresponde en la actualidad a cerca de 85 millones de personas; de este modo, el conjunto de la población que ejerce presión efectiva sobre los recursos alcanza a 885 millones. En el cuadro de las proyecciones que hiciéramos, ese subconjunto de población alcanzaría, dentro de un siglo, a 1 880 millones. En esta forma, mientras la población del mundo capitalista aumentaría 5.9 veces, la del conjunto de población que ejerce presión efectiva sobre los recursos aumentaría 2.1 veces. Si la población que ejerce fuerte presión sobre los recursos se duplica y, además, el ingreso medio de esa población también deberá duplicarse antes que el punto de relativa saturación en la utilización de los recursos no renovables sea alcanzado, tenemos que admitir que esa presión muy probablemente aumentará cerca de cuatro veces en el curso del próximo siglo. Cabe añadir que esa presión cuatro veces mayor se realizará sobre una base de recursos sustancialmente menor. Sin embargo, sería irrealista imaginar que un ritmo de crecimiento de ese orden, en la presión sobre los recursos no renovables, constituye algo fuera de la capacidad de control del hombre, aun en el hipotético caso de que la tecnología continúe siendo orientada, en su concepción y utilización, por empresas privadas. Esta afirmación no implica desconocer que es ésa una presión considerable, cabiendo señalar que parte creciente de ella se ejercerá sobre los recursos actualmente localizados en la periferia del sistema.

Otro dato importante a señalar es el creciente peso de la minoría privilegiada de los países periféricos en el conjunto de la población que disfruta de un alto nivel de vida en el sistema capitalista. Siendo actualmente menos del diez por ciento, la participación de esa minoría tendería a superar un tercio, en la proyección que hicimos. Ahora bien, si se tiene en cuenta que los estados de la periferia muy probablemente estarán en condiciones de apropiarse una porción mayor del ingreso del conjunto del sistema, mediante la valorización de los recursos no reproducibles y de la mano de obra que exportan, la hipótesis que formulamos de estabilización, al nivel del cinco por ciento, del grupo privilegiado, debe ser considerada como un mínimo. Si la mejoría de los términos de intercambio permite que el 5 por ciento se eleve a 10, la minoría privilegiada de la periferia superaría, en número, a la población del centro del sistema. Esta tendencia también obraría en el sentido de reducir la presión sobre los recursos, pues la ampliación del número de los que tienen acceso a los altos niveles de consumo significa que el crecimiento se está realizando en el sentido de una mayor difusión de las normas de consumo ya conocidas.

El aumento relativo del número de privilegiados de los países periféricos no impide, sin embargo, que se mantenga y ahonde el foso que existe entre ellos y la gran mayoría de la población de sus respectivos países. En efecto, si observamos el sistema capitalista en su conjunto vemos que la tendencia evolutiva predominante es en el sentido de excluir a nueve personas de cada diez de los principales beneficios del desarrollo; y si observamos en particular el conjunto de los países periféricos constatamos que ahí la tendencia es a excluir diecinueve personas de cada veinte. Esa masa creciente, en términos absolutos y relativos, constituye por sí sola un factor de peso en la evolución del sistema. No se puede ignorar la posibilidad de que ocurran, en determinados países e incluso en forma generalizada, mutaciones en los sistemas de poder político, bajo la presión de esas masas, con modificaciones de fondo en la orientación general del proceso de desarrollo. Cualesquiera sean las nuevas relaciones que se constituyan entre los estados de los países periféricos y las grandes empresas, la nueva orientación del desarrollo tendría que ser en un sentido mucho más igualitario, favoreciendo las formas colectivas de consumo y reduciendo el desperdicio provocado por la extrema diversificación de las actuales formas de consumo privado de los grupos privilegiados. En este caso, la presión sobre los recursos muy probablemente se reduciría.

El horizonte de posibilidades evolutivas que se abre a los países periféricos es, sin duda, amplio. En un extremo se perfila la hipótesis de la persistencia de las tendencias que han prevalecido en el último cuarto de siglo, a la intensa concentración del ingreso en beneficio de una reducida minoría; en el centro se halla el fortalecimiento de las burocracias que controlan los estados de la periferia —tendencia que se viene manifestando en el período reciente—, lo que llevaría a una persistente mejora de los términos de intercambio y a una ampliación de la minoría privilegiada en detrimento del centro del sistema; en el otro extremo surge la posibilidad de modificaciones políticas de fondo, bajo la presión de las crecientes masas excluidas de los frutos del desarrollo, lo que tendería a acarrear cambios sustantivos en la orientación del proceso de desarrollo. Esta tercera posibilidad, combinada con la persistente mejora de los términos de intercambio, corresponde al mínimo de presión sobre los recursos, así como la persistencia de las tendencias actuales a la concentración del ingreso engendra el máximo de presión.

La conclusión general que surge de esas consideraciones es que la hipótesis de generalización, en el conjunto del sistema capitalista, de las formas de consumo que prevalecen actualmente en los países céntricos, no tiene cabida dentro de las posibilidades evolutivas aparentes de ese sistema. Y es ésa la razón fundamental por la cual una ruptura cataclísmica, en un horizonte previsible, carece de fundamento. El interés principal del modelo que lleva a esa rüptura cataclísmica reside en que proporciona una demostración cabal de que el estilo de vida creado por el capitalismo industrial será siempre privilegio de una minoría. El costo, en términos de depredación del mundo físico, de ese estilo de vida, es de tal modo elevado, que cualquier intento de generalizarlo llevaría inexorablemente al colapso de toda una civilización, poniendo en peligro las posibilidades de supervivencia de la especie humana. Tenemos así la prueba definitiva de que el *desarrollo económico* —la idea de que los *pueblos pobres* podrán algún día disfrutar de las formas de vida de los actuales *pueblos ricos*— es simplemente irrealizable. Ahora sabemos de manera irrefutable que las economías de la periferia nunca serán *desarrolladas,* en el sentido de semejantes a las economías que forman el actual centro del sistema capitalista. Pero ¿cómo negar que esa idea ha sido de gran utilidad para movilizar a los pueblos de la periferia y llevarlos a aceptar enormes sacrificios, para legitimar la destrucción de formas de cultura *arcaicas,* para *explicar* y hacer *comprender* la *necesidad* de destruir el medio físico, para justificar formas de dependencia que refuerzan el carácter predatorio del sistema productivo? Cabe, por lo tanto, afirmar que la idea del desarrollo económico es un simple mito. Gracias a ella ha sido posible desviar la atención de la tarea básica de identificación de las necesidades fundamentales de la colectividad y de las posibilidades que abre al hombre el progreso de la ciencia, para concentrarla en objetivos abstractos como son las *inversiones,* las *exportaciones* y el *crecimiento.* La importancia primordial del modelo de *The limits to growth* es haber contribuido, aunque no haya sido ése su propósito, a destruir ese mito, seguramente uno de los pilares de la doctrina que sirve para encubrir la dominación de los pueblos de los países periféricos dentro de la nueva estructura del sistema capitalista.

CAPÍTULO II

SUBDESARROLLO Y DEPENDENCIA: LAS CONEXIONES FUNDAMENTALES

Una observación incluso superficial de la historia moderna pone en evidencia que formaciones sociales señaladas por una gran heterogeneidad tecnológica, marcadas desigualdades en la productividad del trabajo entre áreas rurales y urbanas, una proporción relativamente estable de la población viviendo a nivel de subsistencia, creciente subempleo urbano, es decir, las llamadas economías subdesarrolladas, están íntimamente ligadas a la forma como el capitalismo industrial creció y se difundió desde sus comienzos. La revolución industrial —la aceleración en el proceso de acumulación de capital y de aumento de la productividad del trabajo ocurrida entre los años 70 del siglo XVIII y los años 70 del siglo XIX— tuvo lugar en el seno de una economía comercial en rápida expansión, en la cual la actividad de más alta rentabilidad, muy probablemente, era el comercio exterior. El efecto combinado del incremento de la productividad en los transportes —reducción de los fletes a larga distancia— y de la inserción en el comercio de un flujo de nuevos productos originarios de la industria, dio origen a un complejo sistema de división internacional del trabajo, que acarrearía importantes modificaciones en la utilización de los recursos a escala mundial. Para comprender lo que hoy llamamos subdesarrollo, es necesario identificar los tipos particulares de estructuras socioeconómicas surgidas en esas áreas donde el nuevo sistema de división internacional del trabajo permitió que creciera el producto neto mediante simples reordenamientos en el uso de la fuerza de trabajo disponible.

Nuestra hipótesis central es la siguiente: el punto de origen del subdesarrollo son los aumentos de productividad del trabajo engendrados por la simple reubicación de recursos con el fin de obtener mayores ventajas comparativas estáticas en el comercio internacional. El progreso técnico —tanto bajo la forma de adopción de métodos productivos más eficientes como bajo la de introducción de nuevos productos destinados al consumo— y la correspondiente aceleración en el proceso de acumulación (ocurridos principalmente en Inglaterra durante el siglo especificado anteriormente), permitieron que en otras áreas creciera significativamente la productividad del trabajo como fruto de la especialización geográfica. Este último tipo de incremento de la productividad puede tener lugar sin modificaciones mayores de las técnicas de producción, como ocurrió en las regiones especializadas en agricultura tropical, o mediante importantes adelantos técnicos en el marco de "enclaves", como fue el caso de las regiones que se especializaron en la exportación de materias primas minerales. La inserción de una agricultura en un sistema más amplio de división social del trabajo, es decir, la transformación de una agricultura de subsistencia en agricultura comercial, no significa necesariamente el abandono de los métodos tradicionales de producción. Pero si esa transformación se hace a través del comercio exterior, los incrementos de la productividad económica pueden ser considerables. Es cierto que el excedente adicional así creado puede permanecer en el exterior en su casi totalidad, lo que constituía la situación típica de las economías coloniales. En los casos en que ese excedente fue parcialmente apropiado desde el interior, su principal destino consistió en financiar una rápida diversificación de los hábitos de consumo de las clases dirigentes, mediante la importación de nuevos artículos. Este uso particular del excedente adicional dio origen a las formaciones sociales actualmente identificadas como economías subdesarrolladas.

En esta forma, el capitalismo industrial llevó a ciertos países (los que encabezan el proceso de industrialización) a especializarse en aquellas actividades en que penetraban más rápidamente métodos productivos más eficientes, y llevó a otros a especializarse en actividades en las que esa forma de progreso técnico era insignificante, o a buscar la vía de la alienación de los recursos naturales no reproducibles. La "ley de las ventajas comparativas", tan bien ilustrada por Ricardo con el caso del comercio anglolusitano, proporcionaba una sólida justificación de la especialización internacional, pero dejaba en la sombra tanto la extrema disparidad de la difusión del progreso de las técnicas de producción, como el hecho de que el nuevo excedente creado en la periferia no se conectaba con el proceso de formación de capital. Ese excedente era destinado principalmente a fomentar la difusión, en la periferia, de las nuevas formas de consumo que estaban surgiendo en el centro del sistema económico mundial en formación. Por lo tanto, las relaciones entre países céntricos y periféricos, en el cuadro del sistema global surgido de la división internacional del trabajo, fueron, desde el principio, mucho más complejas de lo que se desprende del análisis económico convencional.

Un aspecto fundamental, que se ha pretendido ignorar, es el hecho de que los países periféricos fueron rápidamente convertidos en importadores de nuevos bienes de consumo, fruto del proceso de acumulación y del progreso técnico que tenían lugar en el centro del sistema. La adopción de nuevas formas de consumo sería extremadamente irregular, dado que el excedente era apropiado por una minoría restringida, cuyo tamaño relativo dependía de la estructura agraria, de la abundancia relativa de tierras y de mano de obra, de la importancia relativa de nacionales y extranjeros en el control del comercio y de las finanzas, del grado de autonomía de la burocracia estatal y otros hechos similares. En todo caso, los frutos de los aumentos de productividad revertían en beneficio de una pequeña minoría, motivo por el cual el ingreso disponible para consumo del grupo privilegiado creció de manera sustancial. Conviene agregar que tanto el proceso de redistribución de recursos productivos como la formación de capital vinculada a éste (apertura de nuevas tierras, construcción de caminos secundarios, edificación rural, etc.), eran poco exigentes en insumos importados; el coeficiente de importaciones de las inversiones vinculadas a exportaciones en expansión era bajo. Una excepción importante la constituyó la construcción de la infraestructura ferroviaria, la cual fue financiada desde el exterior y asumió parcialmente la forma de "enclave" productor de excedente que no se integraba a la economía local. De todo eso resultó que el margen de la capacidad de importar, disponible para cubrir compras de bienes de consumo en el exterior, fue considerable. Las élites locales estuvieron, así, habilitadas para seguir de cerca las pautas de consumo del centro, hasta el punto de perder el contacto con las fuentes culturales de sus respectivos países.

La existencia de una clase dirigente con pautas de consumo similares a las de países donde el nivel de acumulación de capital era mucho más alto e impregnada de una cultura cuyo elemento motor es el progreso técnico se transformó, así, en un factor básico de la evolución de los países periféricos.

El hecho al que acabamos de referirnos –y no sería difícil comprobarlo con evidencia histórica– pone en claro que, en el estudio del subdesarrollo, no tiene fundamento anteponer el análisis al nivel de la producción, dejando en segundo plano los problemas de la circulación, según la persistente tradición del pensamiento marxista. Para captar la naturaleza del subdesarrollo, a partir de sus orígenes históricos, es indispensable contemplar simultáneamente el proceso de la producción (redistribución de recursos que da origen a un excedente adicional y forma de apropiación de ese excedente) y el proceso de la circulación (utilización del excedente ligada a la adopción de nuevas pautas de consumo copiadas de países en los que el nivel de acumulación es mucho más alto), los cuales, conjuntamente, engendran la dependencia cultural que se encuentra en la base del proceso de reproducción de las estructuras sociales correspondientes. Cierto, el conocimiento de la matriz institucional que determina las relaciones internas de producción es la clave para comprender la forma de apropiación del excedente adicional generado por el comercio exterior; sin embargo, la forma de utilización de ese excedente, que condiciona la reproducción de la formación social, refleja en gran medida el proceso de dominación cultural que se manifiesta a nivel de las relaciones externas de circulación.

Llamaremos *modernización* a ese proceso de adopción de pautas de consumo sofisticadas (privadas y públicas) sin el correspondiente proceso de acumulación de capital y progreso de los métodos productivos. Cuanto más amplio sea el campo del proceso de modernización (y eso incluye no sólo las formas de consumo civiles, sino también las militares) más intensa tiende a ser la presión en el sentido de ampliar el excedente, lo cual puede ser alcanzado mediante la expansión de las exportaciones, o por medio del aumento de la "tasa de explotación", es decir, de la proporción del excedente en el producto neto. Viendo el problema desde otro ángulo: puesto que la presión en el sentido de adoptar nuevas pautas de consumo se mantiene alta —esa presión está condicionada por el avance de la técnica y de la acumulación, y la correspondiente diversificación del consumo, que se están operando en los países céntricos— las relaciones internas de producción tienden a asumir la forma que permite maximizar el excedente. De ahí que aparezcan presiones crecientes, a nivel de la balanza de pagos, cuando el país alcanza el punto de rendimiento decreciente en la agricultura tradicional de exportación y/o enfrenta el deterioro de los términos de intercambio.

La importancia del proceso de modernización, en el modelado de las economías subdesarrolladas, sólo sale a luz plenamente en una fase más avanzada, cuando los respectivos países se embarcan en el de industrialización; más precisamente, cuando se empeñan en producir para el mercado interno lo que hasta entonces importaban. Las primeras industrias que se instalan en los países subdesarrollados compiten con la producción artesanal y se destinan a producir bienes simples destinados a la masa de la población. Esas industrias casi no tienen vínculos entre ellas, motivo por el cual no llegan a constituir el núcleo de un sistema industrial. Es en una fase más avanzada, cuando se plantea el objetivo de producir una constelación de bienes de consumo para los grupos sociales modernizados, que surge el problema. En efecto, la tecnología incorporada a los equipos importados no se relaciona con el nivel de acumulación de capital alcanzado por el país y sí con el perfil de la demanda (o grado de diversificación del consumo) del sector modernizado de la sociedad. De esa orientación del progreso técnico y de la consecuente falta de conexión entre éste y el grado de acumulación previamente alcanzado, resulta la especificidad del subdesarrollo en la fase de plena industrialización. Al imponer la adopción de métodos productivos con alta densidad de capital, la referida orientación crea las condiciones para que los salarios reales se mantengan próximos al nivel de subsistencia, es decir, para que la tasa de explotación aumente juntamente con la productividad del trabajo.

El comportamiento de los grupos que se apropian del excedente, condicionado como está por la situación de dependencia cultural en que se encuentran, tiende a agravar las desigualdades sociales, en función del progreso de la acumulación. Así, la reproducción de las formas sociales, que identificamos con el subdesarrollo, está ligada a formas de comportamiento condicionadas por la dependencia. Abordemos el problema desde otro ángulo: en las economías subdesarrolladas, el factor básico que gobierna la distribución del ingreso y, por lo tanto, los precios relativos y la tasa de salario real en el sector en que se realiza la acumulación y penetra la técnica moderna, parece ser la presión generada por el proceso de modernización, es decir, por el esfuerzo que realizan los grupos que se apropian del excedente para reproducir las formas de consumo, en permanente mutación, de los países céntricos. Esa presión da origen a la rápida diversificación del consumo y determina la orientación de la tecnología adoptada. Es ella, más que la existencia de una oferta elástica de mano de obra, la que determina el diferencial entre el salario industrial y el salario en el sector de subsistencia. Cierto, el grado de organización de los distintos sectores de la clase trabajadora constituye un factor importante y responde por las disparidades sectoriales de ese diferencial. En síntesis: dado el nivel de organización de los distintos sectores de la clase trabajadora, la dimensión relativa del excedente apropiado por los grupos privilegiados refleja la presión generada por el proceso de modernización.

La industrialización de un país periférico tiende a tomar la forma de manufactura local de aquellos bienes de consumo que previamente eran importados, como es bien sabido por todos los estudiosos del llamado proceso de sustitución de importaciones. Ahora bien, la composición de una canasta de bienes de consumo determina, dentro de límites estrechos, los métodos productivos a ser adoptados y, en última instancia, la intensidad relativa del capital y del trabajo utilizados en el sistema de producción. Así, si es la producción de bienes de uso popular lo que aumenta, recursos relativamente más abundantes (tierra, trabajo no especializado) tienden a ser más utilizados y recursos relativamente escasos (trabajo especializado, divisas extranjeras, capital) menos utilizados de lo que sería el caso si fuera la producción de bienes sumamente refinados, consumidos por los grupos ricos, lo que aumentase. Expandir el consumo de los ricos —y esto también es cierto en los países céntricos— significa de manera general introducir nuevos productos en la canasta de bienes de consumo, lo que exige dedicar relativamente más recursos a "investigación y desarrollo", al paso que aumentar el consumo de las masas significa difundir el uso de productos ya conocidos, cuya producción se encuentra muy probablemente en la fase de rendimientos crecientes. Existe una estrecha correlación entre el grado de diversificación de una canasta de bienes de consumo, por un lado, y el nivel de la dotación de capital por persona empleada y la complejidad de la tecnología, por el otro. Cuanto más elevado el nivel del ingreso percápita de un país, más diversificada la canasta de bienes de consumo a la que tiene acceso el ciudadano medio de ese país, y más elevada la cantidad de capital por trabajador en el mismo. La hipótesis implícita en lo que hemos dicho anteriormente significa que las mismas correlaciones existen con respecto a sectores de una sociedad con diferentes niveles de ingreso.

El proceso de trasplante de pautas de consumo, al cual dio origen el sistema de división internacional del trabajo impuesto por los países que encabezan la revolución industrial, modeló subsistemas económicos en los que el progreso técnico fue inicialmente asimilado al nivel de la demanda de bienes de consumo, es decir, mediante la absorción de un flujo de nuevos productos que eran importados antes de ser localmente producidos. La dependencia, que es la situación particular de los países cuyas pautas de consumo han sido modeladas desde el exterior, puede existir aun en ausencia de inversiones extranjeras directas. En efecto, este último tipo de inversión fue raro o inexistente durante toda la primera fase de expansión del sistema capitalista. Lo que importa no es el control del sistema de producción local por grupos extranjeros, sino la utilización dada a esa parte del excedente que circula por el comercio internacional. En la fase de la industrialización, el control de la producción por firmas extranjeras, según veremos, facilita y ahonda la dependencia, pero no constituye la causa determinante de ésta. La propiedad pública de los bienes de producción tampoco sería suficiente para erradicar el fenómeno de la dependencia, si el país en cuestión se mantuviera en posición de satélite cultural de los países céntricos del sistema capitalista, y se hallara en una fase de acumulación de capital muy inferior a la alcanzada por éstos.

Es posible ir aún más lejos y formular la hipótesis de que un tipo semejante de colonización cultural viene desempeñando un papel importante en la transformación de la naturaleza de las relaciones de clase en los países capitalistas céntricos. La idea, formulada por Marx, de que un proceso de agudización creciente de la lucha de clases, en el marco de la economía capitalista, operaría como factor decisivo en la creación de una nueva sociedad, para ser válida requiere, como condición *sine qua non,* que las clases pertinentes estén en condiciones de generar visiones independientes del mundo. En otras palabras, la existencia de una ideología dominante (que, según Marx, sería la ideología de la clase dominante en ascenso) no debería significar la pérdida total de la autonomía cultural por las otras clases, o sea, su colonización ideológica. Marx, en su *18 Brumario,* cuando atribuye un importante papel a los *paysans parcellaires* —en los cuales se habría apoyado Luis Bonaparte— afirma claramente que ellos no habían tomado conciencia de sí mismos como clase; sin embargo, constituían una clase, en el sentido de que podían servir de factor decisivo en las luchas por el poder, porque "oponían su género de vida, sus intereses y su cultura a los de las otras clases sociales". Entre las condiciones objetivas para la existencia de una clase, por lo tanto, estaría su autonomía cultural. Ahora bien, en los países capitalistas céntricos, esa autonomía cultural, en lo que se refiere a la clase trabajadora, ha sido considerablemente desgastada. El acceso de la masa trabajadora a formas de consumo antes privativas de las clases que se apropian del excedente, creó para aquél un horizonte de expectativas que condicionaría su comportamiento en el sentido de ver, en el enfrentamiento de las clases, más que un antagonismo irreductible, una serie de operaciones tácticas en las que los intereses comunes no deben ser perdidos de vista.

En los países periféricos, el proceso de colonización cultural radica originalmente en la acción convergente de las clases dirigentes locales, interesadas en mantener una elevada tasa de explotación, y de los grupos que, a partir del centro del sistema, controlan la economía internacional y cuyo principal interés es crear y ampliar mercados para el flujo de nuevos productos engendrados por la revolución industrial. Una vez establecida esta condición, estaba abierto el camino para la introducción de todas las formas de "intercambio desigual", que históricamente caracterizan las relaciones entre el centro y la periferia del sistema capitalista. Pero aislar esas formas de intercambio o tratarlas como una consecuencia del proceso de acumulación, sin tener en cuenta la forma como el excedente es utilizado en la periferia bajo el impacto de la colonización cultural, es dejar de lado aspectos esenciales del problema.

Es interesante observar que el proceso de colonización cultural tuvo lugar incluso en regiones en que condiciones particulares permitieron que los salarios locales subieran en forma considerable, o se fijasen a niveles similares a los de los países céntricos. Fue ésta la situación de los grandes espacios vacíos de las zonas templadas, que se poblaron principalmente con inmigración de origen europeo, a fines del siglo pasado. La producción agropecuaria para la exportación se desarrolló, en esas regiones, en competencia con la producción similar de países céntricos entonces empeñados en el proceso de industrialización. La abundancia y la calidad de los recursos naturales permitieron que se crease un sustancial excedente por persona empleada, aunque la tasa de salarios tuviera que ser suficientemente elevada para atraer inmigrantes de las regiones menos prósperas de Europa. La forma de apropiación interna de ese excedente y el número relativo de la minoría privilegiada varían conforme a las condiciones históricas que prevalecían en cada área. Sin embargo, en la medida en que ese excedente fue utilizado para financiar la adopción de formas de consumo engendradas por la industrialización en el exterior, ocurrió un proceso de modernización semejante al descrito anteriormente. La situación de dependencia existe, en estos casos, en la ausencia de las formas sociales que estamos habituados a vincular al desarrollo. Radica fundamentalmente en las persistentes disparidades entre el nivel de consumo (inclusive, eventualmente, parte del consumo de la clase trabajadora) y la acumulación de capital en el aparato productivo, por cuanto la elevación de la productividad, que da origen al excedente, resulta de la utilización extensiva de recursos naturales en el marco de ventajas comparativas internacionales. La abundancia de recursos minerales y de fuentes de energía, entre otros factores, permitió que economías de ese tipo tuviesen una precoz industrialización, por más que esencialmente bajo el control de firmas extranjeras. Es éste el caso del Canadá, cuya economía integra el centro del sistema capitalista, pese a la extrema debilidad de los centros internos de decisión. En la Argentina, condiciones históricas distintas hicieron que el proceso de industrialización se atrasara y asumiera la forma de "sustitución", es decir, de respuesta a la crisis del sector exportador. En razón de la declinación de la productividad, causada por la crisis del sector exportador, el esfuerzo de capitalización requerido por la industrialización tuvo que ser considerable. La experiencia ha demostrado que las economías que se encuentran en esa situación tienden a alternar serias crisis de la balanza de pagos con períodos de relativo estancamiento. Como la presión en el sentido de acompañar la renovación de las pautas de consumo del centro se mantiene, surge una tendencia a la concentración del ingreso, con reflejos en las estructuras sociales, las cuales tienden a asemejarse a las de los países típicamente subdesarrollados. Este punto pone en evidencia que el fenómeno que llamamos dependencia es más general que el subdesarrollo. Toda economía subdesarrollada es necesariamente dependiente, pues el subdesarrollo es una creación de la situación de dependencia. Pero no siempre la dependencia creó formaciones sociales sin las cuales es difícil caracterizar un país como subdesarrollado. Más aún, la transición del subdesarrollo al desarrollo es difícilmente concebible, en el marco de la dependencia. Pero lo mismo no se puede decir del proceso inverso, si la necesidad de acompañar las pautas de consumo de los países céntricos se alía a una creciente alienación de parte del excedente en manos de grupos externos, dominadores del aparato productivo.

El fenómeno de la dependencia se manifiesta inicialmente bajo la forma de imposición externa de pautas de consumo que sólo pueden ser mantenidas mediante la generación de un excedente creado en el comercio exterior. Es la rápida diversificación de ese sector del consumo lo que transforma la dependencia en algo difícilmente reversible. Cuando la industrialización pretende sustituir esos bienes importados, el aparato productivo tiende a dividirse en dos: un segmento ligado a actividades tradicionales, destinadas a las exportaciones o al mercado interno (rurales y urbanas) y otro constituido por industrias de elevada densidad de capital, que producen para la minoría modernizada. Los economistas que observaron las economías subdesarrolladas bajo la forma de sistemas cerrados, vieron en esa discontinuidad del aparato productivo la manifestación de un "desequilibrio al nivel de los factores", provocado por la existencia de coeficientes fijos en las funciones de producción, es decir, por el hecho de que la tecnología que estaba siendo absorbida era "inadecuada". Se pretende, así, ignorar el hecho de que los bienes que están siendo consumidos no pueden ser producidos sino con esa tecnología, y que a las clases dirigentes que asimilaron las formas de consumo de los países céntricos no se les presenta el problema de optar entre esa constelación de bienes y otra cualquiera. En la medida en que las pautas de consumo de las clases que se apropian del excedente deban acompañar la rápida evolución de las formas de vida, que está ocurriendo en el centro del sistema, todo intento de "adaptar" la tecnología será de escasa significación.

En síntesis, miniaturizar, en un país periférico, el sistema industrial de los países céntricos contemporáneos, donde la acumulación de capitales ha alcanzado niveles mucho más altos, significa introducir en el aparato productivo una profunda discontinuidad causada por la coexistencia de dos niveles tecnológicos. Este problema no estaba presente en la fase anterior a la "sustitución de importaciones", simplemente porque la diversificación del consumo de la minoría modernizada podría ser financiada con el excedente generado por las ventajas comparativas del comercio exterior. En la fase de la industrialización sustitutiva, la extrema disparidad entre los niveles (y el grado de diversificación) del consumo de la minoría modernizada y de la masa de población deberá incorporarse a la estructura del aparato productivo. De esta forma, el llamado "desequilibrio al nivel de los factores" debe ser considerado como inherente a la economía subdesarrollada que se industrializa. Además, si se tiene en cuenta que la situación de dependencia está siendo permanentemente reforzada mediante la introducción de nuevos productos (cuya producción requiere el uso de técnicas cada vez más sofisticadas y dotaciones cada vez mayores de capital), se hace evidente que el avance del proceso de industrialización depende del aumento de la tasa de explotación, es decir, de una creciente concentración del ingreso. En tales condiciones, el crecimiento económico tiende a depender cada vez más de la aptitud de las clases que se apropian del excedente para forzar a la mayoría de la población a aceptar crecientes desigualdades sociales.

La industrialización, en las condiciones de dependencia, de una economía periférica, requiere una intensa absorción de progreso técnico, bajo la forma de nuevos productos y de las técnicas requeridas para producirlos. Y en la medida en que avanza esa industrialización, el progreso técnico deja de ser problema de adquirir en el extranjero este o aquel equipo, y pasa a ser una cuestión de tener o no acceso al flujo de innovación que está brotando en las economías del centro. Cuanto más se avanza en ese proceso, mayores son las facilidades que encuentran las grandes empresas de los países céntricos para sustituir, en la periferia, mediante la creación de subsidiarias, a las empresas locales que hayan iniciado el proceso de industrialización. Cabría incluso indagar si la demanda altamente diversificada de los grupos modernizados nunca sería satisfecha con producción local, en el caso de que el flujo de innovaciones técnicas debiera ser pagado a precios de mercado. Ese flujo es creado o controlado por empresas que consideran mucho más ventajoso expandirse en escala internacional que alienar ese extraordinario instrumento de poder. Se trataría no sólo de entregar el control de las innovaciones de uso inmediato, sino también de asegurar una opción sobre las futuras. Además, el precio de la tecnología tendría que ser elevado, para la empresa local que se limitase a adquirirla en el mercado, al paso que, para la gran empresa que la controla y ya la viene utilizando en el centro, esa tecnología está prácticamente amortizada. A este hecho se debe que la gran empresa pueda, más fácilmente, superar los obstáculos de pequeñez del mercado, falta de economías externas u otros, que caracterizan a las economías periféricas. Así, la cooperación de las grandes empresas de actuación internacional pasó a ser solicitada por los países periféricos, como la forma más fácil de sortear los obstáculos que se presentan a una industrialización retardada que pretende colocarse a un nivel técnico similar al que prevalece actualmente en los países céntricos.

Lo dicho en el párrafo anterior evidencia que, en la medida en que avanza el proceso de industrialización en la periferia, más estrecho tiende a ser el control del aparato productivo, en ella localizado, por grupos extranjeros. En consecuencia, la dependencia, antes imitación de pautas exteriores de consumo mediante la importación de bienes, ahora se enraíza en el sistema productivo y asume la forma de programación por las subsidiarias de las grandes empresas de las pautas de consumo a ser adoptadas. Sin embargo, ese control directo de los grupos extranjeros, del sistema productivo de los países periféricos, no constituye un resultado necesario de la evolución de la dependencia.

Es perfectamente posible que una burguesía local de relativa importancia y/o una burocracia estatal fuerte participen del control del aparato productivo e incluso mantengan una posición dominante en ese control. En algunos casos, ese predominio de grupos locales puede ser esencial para asegurar el rígido control social requerido para hacer frente a las tensiones originadas por la creciente desigualdad social. Sin embargo, el control local, a nivel de la producción, no significa necesariamente menos dependencia, si el sistema pretende continuar reproduciendo las pautas de consumo que están siendo permanentemente creadas en el centro. Ahora bien la experiencia ha demostrado que los grupos locales (privados o públicos) que participan de la apropiación del excedente, en el marco de la dependencia, difícilmente se alejan de la visión del desarrollo como proceso mimético de pautas culturales importadas.

Los procesos históricos son, evidentemente, mucho más complejos de lo que pueden sugerir los esquemas teóricos. Sin lugar a dudas, las primeras industrias en implantarse en los países subdesarrollados fueron las que produjeron artículos de amplio consumo (alimentos, tejidos, confecciones, objetos de cuero), tanto en razón de su relativa simplicidad técnica como por la preexistencia de un mercado relativamente amplio, abastecido parcialmente por el artesanado. Ocurre, sin embargo, que si la tasa de salarios permanece próxima a las condiciones de vida que prevalecen en la agricultura de subsistencia, la implantación de ese tipo de industria no llega a modificar en forma significativa la estructura de una economía subdesarrollada. Como compiten con el artesanado y pagan salarios no muy superiores al ingreso de los artesanos, esas industrias poco contribuyen a ampliar el mercado interno; y como tienen pocos vínculos con otras actividades industriales, casi no crean economías externas. Esa situación particular produce la curva de crecimiento típica de ese tipo de industria: rápido crecimiento inicial y tendencia a la nivelación.

Es durante la fase de "sustitución de importaciones", la cual se vincula a las tensiones de la balanza de pagos, que da comienzo la formación de un sistema industrial. Pero, por el hecho de que el consumo de la minoría modernizada es altamente diversificado, las industrias que forman ese sistema tienden a enfrentar problemas de deseconomías de escala, que, si al nivel de la empresa pueden encontrar solución parcial en la protección y en los subsidios, al nivel social se traducen en costos elevados. Ya nos hemos referido al hecho de que esa situación favorece la penetración de las grandes empresas con sede en los países céntricos, lo que por su parte contribuye a elevar los costos de operación del sistema industrial en términos de divisas extranjeras. Ese cuadro, que en algunos países latinoamericanos se presentó bajo la forma de reducción de las tasas de crecimiento, de fuertes crisis de la balanza de pagos y/o rápido endeudamiento externo, ha sido descrito, particularmente en publicaciones de las Naciones Unidas, como el resultado del "agotamiento" del proceso de "sustitución de importaciones". Pero, por detrás de esos síntomas, no es difícil percibir una causa más profunda: la imcompatibilidad entre el proyecto de desarrollo de los grupos dirigentes, que intenta reproducir dinámicamente las pautas de consumo de los países céntricos, y el grado de acumulación de capital alcanzado por ese país. Sortear ese obstáculo ha sido la gran preocupación, en el curso de la última década, de los países subdesarrollados en etapa más avanzada de industrialización. Puesto que la pequeñez relativa de los mercados locales surgía como el factor negativo más visible, se concibieron esquemas de integración subregional bajo la forma de zonas de libre comercio, uniones aduaneras, etc. Tales esquemas permitieron, en algunos casos, dar mayor alcance al proceso de "sustitución de importaciones", pero no modificaron en nada los datos fundamentales del problema, cuyas raíces se hallan en la situación de dependencia descrita anteriormente.[1]

[1] El problema de cómo industrializar, aprovechando la técnica moderna, un país en el que la acumulación de capital se encuentra a nivel relativamente bajo, puede tener varias soluciones, todas ellas ligadas a un determinado sistema de valores. Tres soluciones principales (puras) se ha intentado en el curso de los últimos años. La primera consiste en aumentar la tasa de explotación (impedir que la masa salarial crezca

El creciente control externo de los sistemas de producción de los países periféricos abre para éstos una nueva fase evolutiva. Así, el aumento de los costos en divisas extranjeras de la producción ligada al propio mercado interno crea tensiones adicionales en las balanzas de pagos de los respectivos países, las que llevan, en algunos casos, al bloqueo del proceso de industrialización, o crean condiciones que favorecen la búsqueda de soluciones alternativas a través de "correcciones" compensatorias. La extraordinaria flexibilidad de las grandes empresas de actuación internacional es la causa de que tales problemas hayan venido encontrando solución con un mínimo de modificación de las estructuras sociales tradicionales. En efecto, gracias a las transacciones internas que realizan las grandes empresas en el plano internacional, los países periféricos se van capacitando para pagar con mano de obra barata sus crecientes costos de producción en moneda extranjera. Las nuevas formas de economías subdesarrolladas, que crecen a base de exportaciones de trabajo barato incorporado a productos industriales manufacturados por empresas extranjeras y destinados a mercados externos, apenas empiezan a definir su perfil. Pero, si se tiene en cuenta

paralelamente al producto neto) al mismo tiempo que se intensifica el consumo que se financia con parte del excedente; la posibilidad de mayores economías de escala (especialmente en las industrias productoras de bienes durables de consumo) engendra una mayor tasa de lucro, lo cual por su lado estimula la entrada de recursos externos. La segunda solución consiste en orientar el sistema industrial hacia los mercados externos, en el cuadro del nuevo sistema de división internacional del trabajo bajo la égida de las grandes empresas transnacionales. La tercera consiste en recondicionar progresivamente las pautas de consumo de manera de hacerlas compatibles con el esfuerzo de acumulación deseado. La primera fórmula corresponde al llamado modelo brasileño, la segunda al llamado modelo Hong Kong y la tercera al llamado modelo chino.

que la proporción del excedente apropiado desde el exterior es considerable, nada indica que la tasa de explotación tienda a decaer. En otras palabras, si las condiciones generales vinculadas a la situación de dependencia persisten, nada sugiere que la industrialización orientada hacia el exterior contribuya a reducir la tasa de explotación, tanto más cuanto que la propia razón de ser de ese tipo de industrialización en la periferia es la existencia de trabajo barato.

Ahora podemos intentar destacar lo que le confiere permanencia al subdesarrollo, es decir, cómo la estructura que permite identificarlo se reprodujo en el tiempo. La división internacional del trabajo, impuesta por los países que encabezaron la revolución industrial, dio origen a un excedente, que permitió a las clases dirigentes de otros países (periféricos en el sistema) —en los cuales no había industrialización— tener acceso a pautas de consumo diversificadas, engendradas por el intenso progreso técnico y acumulación de capital concentrados en el centro del sistema. En consecuencia, los países periféricos pudieron elevar la tasa de explotación sin que hubiera reducción de la tasa de salario real e independientemente de la absorción de nuevas técnicas productivas. En esta forma, surgió en los países periféricos un perfil de demanda caracterizado por una acentuada discontinuidad. A partir del momento en que el sector exportador entró en la fase de rendimientos decrecientes, la industrialización se orientó hacia la "sustitución de importaciones". Debiendo miniaturizar sistemas industriales en un proceso mucho más avanzado de acumulación y debiendo acompañar la rápida diversificación de la panoplia de bienes de consumo de los países de más alto nivel de ingreso, los países periféricos fueron llevados a tener que aumentar la tasa de explotación, es decir, a concentrar el ingreso cada vez más. Por otra parte, el creciente costo de la tecnología, conjuntamente con la aceleración del progreso técnico, facilitó la penetración de las grandes empresas de acción internacional, lo que intensificó aún más la difusión de las nuevas pautas de consumo surgidas en el centro del sistema y llevó a un mayor estrechamiento de los vínculos de dependencia.

Los puntos esenciales del proceso son los siguientes: la matriz institucional preexistente, orientada hacia la concentración de la riqueza y del ingreso; las condiciones históricas ligadas al surgimiento del sistema de división internacional del trabajo, que estimularon el comercio en función de los intereses de las economías que encabezaron la revolución industrial; el aumento de la tasa de explotación en los países periféricos y el uso del excedente adicional por los grupos dirigentes locales, de lo cual resultó la ruptura cultural que se manifiesta a través del proceso de modernización; la orientación del proceso de industrialización en función de los intereses de la minoría modernizada, que creó condiciones para que la tasa de salario real se mantuviera sujeta al nivel de subsistencia; el costo creciente de la tecnología requerida para acompañar, mediante producción local, las pautas de consumo de los países céntricos, lo que por su parte facilitó la penetración de las grandes empresas de acción internacional; la necesidad de hacer frente a los costos crecientes en moneda extranjera de la producción destinada al mercado interno, abriendo el camino a la exportación de mano de obra barata bajo apariencia de artículos manufacturados.

El subdesarrollo tiene sus raíces en una conexión precisa, surgida en ciertas condiciones históricas, entre el proceso interno de explotación y el proceso externo de dependencia. Cuanto más intenso sea el influjo de las nuevas pautas de consumo, mayor deberá ser la concentración del ingreso. Por lo tanto, si aumenta la dependencia externa, también aumentará la tasa de explotación interna. Más aún, la elevación de la tasa de crecimiento tiende a acarrear un agravamiento tanto de la dependencia externa como de la explotación interna. Así, tasas de crecimiento más altas, lejos de reducir el subdesarrollo, tienden a agravarlo, en el sentido de que tienden a agravar las desigualdades sociales.

En conclusión, el subdesarrollo debe ser entendido como un proceso, vale decir, como un conjunto de fuerzas en interacción y capaces de reproducirse en el tiempo. Por su intermedio, el capitalismo ha logrado difundirse en amplias zonas del mundo sin comprometer las estructuras sociales preexistentes en esas zonas. Su papel en la construcción del actual sistema capitalista mundial ha sido fundamental y su dinamismo sigue siendo considerable: nuevas formas de economías subdesarrolladas plenamente industrializadas y/u orientadas hacia la exportación de manufacturas están apenas apareciendo. Incluso es posible que sea inherente al sistema capitalista; es decir, que no pueda haber capitalismo sin las relaciones asimétricas entre subsistemas económicos y la explotación social que constituyen la base del subdesarrollo. Pero no tenemos la pretensión de poder demostrar esta última hipótesis.

CAPÍTULO III

EL MODELO BRASILEÑO DE SUBDESARROLLO

Desarrollo y modernización

La economía brasileña constituye un ejemplo interesante de cuánto puede avanzar un país en el proceso de industrialización sin abandonar sus principales características de subdesarrollo: gran disparidad en la productividad entre las áreas rurales y las urbanas, una gran mayoría de la población viviendo a un nivel de subsistencia fisiológica, crecientes masas de personas subempleadas en las zonas urbanas, etc. Así fue refutada la tesis implícita en los modelos de crecimiento del tipo introducido por Lewis —de que la canalización del excedente de una economía subdesarrollada hacia el sector industrial (las actividades que absorben progreso técnico) crearía finalmente un sistema económico de homogeneidad creciente (donde el nivel salarial tiende a crecer en todas las actividades económicas al mismo ritmo que la productividad media del sistema).

Los objetivos de este ensayo son: *a*) investigar por qué la difusión mundial del progreso técnico y los incrementos de la productividad derivados de él no tendieron a liquidar el subdesarrollo; y *b*) demostrar que en la política de "desarrollo" orientada hacia la satisfacción de los altos niveles de consumo de una pequeña minoría de la población, tal como la ejecutada en el Brasil, tiende a agravar las desigualdades sociales y a elevar el costo social de un sistema económico.

Partimos de la hipótesis de que el subdesarrollo es un aspecto del modo cómo el capitalismo industrial viene creciendo y difundiéndose desde su aparición. Siendo así, es totalmente engañoso construir un modelo de una economía subdesarrollada como un sistema cerrado. Aislar una economía subdesarrollada del contexto general del sistema capitalista en expansión es dejar de lado, desde el comienzo, el problema fundamental de la naturaleza de las relaciones externas de esa economía.

Vamos a definir el progreso técnico como la introducción de nuevos procesos productivos capaces de aumentar la eficiencia en la utilización de recursos escasos y/o la introducción de nuevos productos susceptibles de ser incorporados a la canasta de bienes y servicios de consumo. Y vamos a suponer que desarrollo económico implica la difusión del uso de productos ya conocidos y/o la introducción de nuevos productos a la canasta de bienes de consumo.

Por el hecho de que el acceso a nuevos productos se halla, con raras excepciones, limitado, por lo menos durante una fase inicial, a una minoría formada por personas de ingresos elevados, el desarrollo basado principalmente en la introducción de nuevos productos corresponde a un proceso de concentración del ingreso. Y por el hecho de que la difusión significa acceso de un mayor número de personas al uso de productos conocidos, el desarrollo basado principalmente en la difusión corresponde a un patrón de distribución más igualitaria del ingreso.

Además de eso, una condición necesaria en cualquier proceso de desarrollo económico es la acumulación de capital, tan importante para la difusión de productos conocidos como para la introducción de otros nuevos. Pero hay razones para creer que la introducción de nuevos productos, en el conjunto de bienes de consumo, requiere una acumulación relativamente mayor de capital que la difusión de productos conocidos. Por ejemplo, la introducción de un nuevo modelo de automóvil de cierta categoría requiere más inversiones (incluyendo investigación y desarrollo) por unidad que el aumento de la producción del modelo correspondiente que ya se estaba produciendo. Hay otra manera de enfocar este problema: cuanto más diversificada la canasta de bienes de consumo, mayor tendrá que ser el ingreso de las personas que consumen esos bienes y mayor la suma de capital exigida para satisfacer las necesidades de esas personas. El ciudadano norteamericano medio recibía, en 1970, un ingreso de aproximadamente 4 mil dólares por año, y a ese nivel de ingreso correspondía determinada canasta de bienes de consumo. Ese conjunto de bienes se hizo posible gracias a un proceso de acumulación de capital que se elevaba a cerca de 12 mil dólares por habitante del país. El ciudadano brasileño recibía como promedio un ingreso de aproximadamente 400 dólares por año y el capital acumulado en el Brasil alcanzaba la suma de cerca de mil dólares por habitante. De ese modo, el conjunto de bienes de consumo al cual tiene acceso el brasileño medio tenía que ser mucho menos diversificado que el que prevalecía en los Estados Unidos.

El aumento del ingreso de una comunidad puede resultar de por lo menos tres procesos diferentes: *a*) el desarrollo económico, es decir, la acumulación de capital y la adopción de procesos productivos más eficientes; *b*) la explotación de recursos naturales no renovables; y *c*) la redistribución de recursos con miras a una especialización en un sistema de división internacional del trabajo. El aumento del ingreso, resulta en diversificación del consumo, introducción de nuevos productos, etc. Así, ese aumento puede ocurrir en una comunidad sin desarrollo económico, es decir, sin acumulación de capital e introducción de procesos productivos más eficientes. Puede representar simplemente un incremento debido a los artículos *b*) y/o *c*) mencionados anteriormente. Llamemos *modernización* a este proceso de adopción de nuevas pautas de consumo, correspondientes a niveles más elevados del ingreso, en ausencia de desarrollo económico.

Los países hoy conocidos como subdesarrollados son aquellos donde ocurrió un proceso de modernización: nuevas pautas de consumo (introducción de nuevos productos) fueron adoptadas como resultado de una elevación del ingreso generado por el tipo de mudanzas mencionadas más arriba en los artículos *b*) y *c*). En el Brasil, durante un largo período, los aumentos del ingreso (productividad económica), fueron básicamente el resultado de una simple redistribución de recursos con miras a la maximización de las ventajas comparativas estáticas en el comercio exterior. El paso de la agricultura de subsistencia a la agricultura comercial no presupone necesariamente una mudanza de la agricultura tradicional a la moderna. Sin embargo, cuando es generado por el comercio exterior, ese paso acarrea un crecimiento significativo de la productividad económica, y puede iniciar un proceso de modernización. La importancia de ese proceso dependerá de la matriz institucional preexistente. En el Brasil, debido a la concentración de la propiedad territorial y a la abundancia de la fuerza de trabajo en la agricultura de subsistencia, los aumentos de la produccividad beneficiaron principalmente a una pequeña minoría. Sin embargo, en razón del tamaño de la población, esa minoría modernizada fue suficiente para permitir un amplio desarrollo urbano y un comienzo de industrialización.

En los países en que la modernización ocurrió sin el desarrollo económico, el proceso de industrialización presenta características muy particulares. Así, el mercado para productos manufacturados está formado por dos grupos completamente diferentes: el primero, consumidores de ingreso muy bajo (la mayoría de la población), y el segundo, una minoría de ingresos elevados. La canasta de bienes de consumo correspondiente al primer grupo es muy poco diversificada y tiende a permanecer sin modificaciones, ya que la tasa de salario real es bastante estable. Las industrias que producen estos bienes tienen efectos de encadenamiento (*linkages*) débiles: utilizan materias primas de la agricultura (industrias textiles y alimenticias) y producen directamente para el consumidor final. Además de eso, estas industrias se benefician poco de las economías de escala y externas. La canasta de bienes de consumo correspondiente al segundo grupo, por ser totalmente diversificada, requiere un proceso de industrialización complejo para ser producida en el país. El principal obstáculo para eso se origina en las dimensiones del mercado local. Sin embargo, éste es el sector del mercado que está realmente en expansión, y la verdadera industrialización sólo será posible si se orienta hacia él. Dados los diferentes comportamientos de las dos canastas de bienes de consumo, la primera en expansión lenta y sin la introducción de bienes nuevos, y la segunda creciendo rápidamente, principalmente a través de la introducción de nuevos productos, los dos sectores industriales sólo en grado muy pequeño compiten por los mismos mercados, y pueden mantener diferentes normas de organización y mercadología (*marketing*). Pero, una vez que el sector que produce para la minoría rica se adelanta en relación al otro, las necesidades de capital y tecnología moderna tienden a crecer rápidamente. En consecuencia, la creación de nuevos empleos por unidad de inversión declina. Además, las industrias cuyo mercado es la masa de población están destinadas a sufrir transformaciones importantes como consecuencia del proceso de industrialización basado en el segundo tipo de bienes de consumo (los destinados a la minoría privilegiada). Economías de escala e internas pueden beneficiar también a la masa de la población, y productos como plásticos y fibras pueden ser incorporados al consumo popular. Como consecuencia de la progresiva integración al sistema industrial, tiende a aumentar la adopción de procesos de utilización intensiva del capital en las industrias que inicialmente se desarrollaran en competencia con actividades artesanales locales. El progreso técnico deja de ser una cuestión de compra de cierto tipo de equipo, y pasa a depender del acceso a las innovaciones que surgen en gran cantidad en los países ricos. En esta fase, las filiales de corporaciones multinacionales superan con facilidad a las firmas locales, especialmente en las industrias orientadas hacia el mercado diversificado. Más precisamente, esa canasta diversificada de bienes de consumo nunca sería producida localmente si el flujo de innovaciones técnicas debiera ser pagado a los precios del mercado. A pesar del hecho de que, para una gran empresa de actuación internacional, operando en un país subdesarrollado, el *costo marginal* de innovaciones es prácticamente cero, esa empresa nunca se desprendería de ellas en favor de las firmas locales independientes, a no ser por un precio muy elevado.

La industrialización de las economías donde se inicia un proceso de modernización tiende a enfrentar una doble dificultad: si las industrias locales continúan produciendo la primera canasta de bienes (industrias con efectos de encadenamiento débiles) y la segunda tiene que ser importada, el país nunca alcanzará el punto necesario para formar un sistema industrial; y si las industrias locales se orientan hacia la producción de la segunda canasta de bienes, pueden ocurrir rendimientos decrecientes, en razón del tamaño reducido del mercado local. Algunos países de grandes dimensiones demográficas y un sector exportador sumamente rentable consiguieron superar esos obstáculos: ése fue el caso del Brasil. Esto no significa que el capitalismo industrial puede operar en el Brasil según las reglas que prevalecen en una economía desarrollada. En ésta, la expansión de la producción significa aumento paralelo del costo de la fuerza de trabajo, es decir, del valor agregado por el trabajo en el proceso de producción. Y por cuanto la demanda es generada principalmente por el pago del trabajo, la expansión de la demanda tiende a seguir al crecimiento de la producción. En las economías subdesarrolladas, el valor agregado por el trabajo tiende a declinar en términos relativos, durante las fases de expansión. Los aumentos de la productividad creados por economías internas o externas tienden a beneficiar exclusivamente a los propietarios del capital y, dada la estructura de los mercados, nada los presionará para que transfieran los frutos del aumento de productividad a los consumidores: la minoría modernizada. Por otra parte, aumentar la tasa salarial llevaría a un crecimiento de los costos sin ampliar el mercado, toda vez que los trabajadores están vinculados a una canasta de bienes diferente. El hecho es que el sistema opera espontáneamente, beneficiando a una minoría demasiado pequeña, los propietarios de capital. ¿Cómo debería ser dirigido el proceso de concentración del ingreso, inherente al sistema, a fin de crear un eslabón entre el incremento de la productividad en las industrias productivas de bienes del segundo grupo (diversificado) y los consumidores que tienen acceso a esos bienes? En la tercera parte de este ensayo examinaremos el tipo particular de solución adoptado por el Brasil.

El desempeño de la economía brasileña

En los últimos veinticinco años la economía brasileña ha venido creciendo con una tasa relativamente alta. Dados niveles "normales" de producción agrícola, de los términos del intercambio externo y de los gastos públicos, se podría esperar una tasa de crecimiento de cerca del 6% anual. La abundancia de recursos naturales, el tamaño de la población y el nivel medio de ingreso obtenido en el pasado a través de la maximización de las ventajas comparativas estáticas en el comercio exterior convergen para producir ese potencial de crecimiento. Además de eso, las fluctuaciones en la tasa de crecimiento del producto interno bruto (PIB) tuvieron efectos de escasa significación en el proceso de formación de capital. Las tasas de ahorro y de inversiones han sido bastante estables. Los cambios en la tasa de crecimiento del PIB reflejan fundamentalmente modificaciones en el grado de utilización de la capacidad productiva ya instalada. En el lenguaje elemental de los modelos de crecimiento, diríamos que los cambios en esa tasa son principalmente causados por modificaciones del parámetro que representa la relación entre la producción y el stock de capital reproducible, y que el otro parámetro, que representa la relación entre inversión y renta, tiende a ser estable.

En realidad, el primer parámetro (relación produto-capital) se duplicó entre 1964/67 y 1968/69, mientras que el segundo (tasa de inversiones) creció apenas ligeramente. Así, el proceso de acumulación ha sido mucho más regular que el desempeño de la economía en general. Cuando ese desempeño es débil, el margen de capacidad productiva ociosa aumenta, pero a pesar de eso la capacidad global de producción crece normalmente. De ahí se puede inferir que la tasa de utilidad tiende a ser bastante elevada incluso cuando la economía subutiliza su capacidad productiva; por otra parte, hay razones para creer que la economía ha sido incapaz de generar el tipo de demanda requerido para obtener la utilización adecuada de la capacidad productiva.

No me refiero al nivel de la demanda efectiva, sino al *tipo de demanda*. En realidad, estamos muy lejos de la hipótesis keynesiana de insuficiencia de la demanda efectiva. Durante el período considerado, la economía brasileña operó bajo fuerte presión del exceso de demanda monetaria, con una elevada tasa de inflación, tanto en los períodos de rápido crecimiento como en los de relativo estancamiento.

Mi hipótesis básica es que el sistema no ha sido capaz de producir espontáneamente el perfil de demanda capaz de asegurar una tasa de crecimiento estable, y que el crecimiento a largo plazo depende de acciones exógenas del gobierno. Es preciso tener en cuenta también el hecho de que durante el período en discusión las industrias que producen para la minoría modernizada fueron siendo cada vez más controladas por empresas dirigidas desde el centro del sistema capitalista.

Un rápido crecimiento industrial, en las condiciones particulares hoy vigentes en el Brasil, implica una intensa absorción de progreso técnico en forma de nuevos productos y de nuevos procesos requeridos para producirlos. El *costo de oportunidad* de ese progreso técnico se halla a un nivel mínimo cuando las industrias pueden reproducir lo que crean y amortizan en los países responsables del financiamiento de la investigación y el desarrollo, y se encuentra al nivel máximo cuando tienen que introducir investigación y desarrollo nuevos. En consecuencia, la expansión industrial se desarrolla a través de una trabazón de las industrias locales con los sistemas industriales dominantes, de los que emerge el flujo de tecnología nueva. Por un lado, las grandes empresas se apegan a sus proyectos ya comprobados en las matrices como el mejor camino para maximizar crecimiento y utilidades; por otro lado, minorías modernizadas tratan de mantenerse actualizadas en relación a la última palabra en pautas de consumo, al *dernier cri* lanzado en la metrópoli. Sin embargo, aunque esos dos grupos tienen intereses convergentes, el sistema no está estructuralmente capacitado para generar el tipo de demanda requerido para asegurar su expansión.

Las ondas sucesivas de expansión industrial en el Brasil durante el período de posguerra no pueden ser explicadas sin tener presente el papel autónomo desempeñado por el gobierno, tanto subsidiando la inversión como ampliando la demanda. El cuadro general fue el proceso de sustitución de importaciones. Creando nuevos empleos, ese proceso amplió el mercado para bienes de consumo popular, pero, dadas las pequeñas proporciones del mercado para bienes de consumo durables, la producción local de éstos fue acompañada por una tendencia al aumento de sus precios relativos, con efectos negativos sobre la demanda. Este efecto negativo fue combatido hasta mediados de los años 50 por acciones del gobierno con miras a reducir los precios de los equipos importados, por medio de tasas de cambio diferenciales, y también con el objeto de subsidiar las inversiones industriales (especialmente en industrias que produjeran sucedáneos de bienes importados), principalmente a través de préstamos con tasas de interés. negativas. Parte de los recursos utilizados para poner en práctica esa política surgía de una mejoría en los términos de intercambio ocurrida en ese período. La reducción a la mitad del costo real del capital fijo ayudó a las empresas productoras de bienes de consumo durables a obtener utilidades, aun teniendo que operar con un amplio margen de capacidad ociosa. En la segunda mitad de los años 50, cuando los términos de intercambio se deterioraron, el gobierno se lanzó a una política de endeudamiento externo que hizo posible la continuación de los subsidios. Al mismo tiempo, el gobierno se embarcó en una política de grandes obras públicas: la construcción de Brasilia y de una red nacional de carreteras, incluyendo algunas pioneras, como la carretera Belem-Brasilia. En el período más reciente, como veremos, se tomaron medidas con efectos directos sobre la distribución del ingreso, a fin de producir la calidad o perfil de demanda que mejor se ajusta a los planes de expansión de las grandes empresas de actuación internacional y a las expectativas de la minoría modernizada.

La nueva estrategia

La elevada tasa de crecimiento de la producción industrial brasileña, alcanzada a partir de 1968, después de un período de seis años de relativo estancamiento (1961-67), fue obtenida a través de una política gubernamental muy exitosa dirigida a atraer a las grandes empresas transnacionales y a fomentar la expansión de las subsidiarias de éstas ya instaladas en el país. Por varios medios el gobierno ha orientado el proceso de distribución del ingreso para producir el perfil de demanda más atractivo para las mencionadas empresas. En consecuencia, la canasta de bienes de consumo que trata de reproducir las pautas de consumo de los países céntricos se expandió rápidamente tanto en términos absolutos como relativos.

El Estado también viene desempeñando importantes papeles complementarios, invirtiendo en la infraestructura física, en capital humano (en un intento de ampliar la oferta de cuadros y personal profesional) y en las industrias con baja rotación de capital. Las industrias productoras de bienes homogéneos, tales como acero, metales no ferrosos y otros insumos de utilización generalizada por el sistema industrial, no se basan en la innovación de productos para competir o crear poder de mercado. Se basan en la innovación en los procesos productivos y, siendo bajo el nivel de rotación de capital fijo, el flujo de innovación tiende a ser mucho más lento. Además de eso, una política de precios bajos, efectuada por esas industrias a través de subsidios disimulados, puede ser defendida como esencial para fomentar el proceso de industrialización. De ese modo, el control total o parcial del Estado sobre ese bloque de industrias puede ser el mejor camino para que las grandes empresas controladas desde el centro obtengan una rápida rotación de sus inversiones, pudiendo así maximizar lucros y expansión.

Las firmas controladas por capitalistas locales también tienen un papel en ese sistema. Las industrias que producen para la masa de la población enfrentan el problema del crecimiento lento de la demanda, porque la tasa de salario real del trabajador no calificado está en disminución o estancada. Al mismo tiempo, los mercados para esas industrias se amplían horizontalmente, gracias al crecimiento demográfico y a la transferencia de personas antes ocupadas en actividades ligadas a la subsistencia para el sector de salario mínimo garantizado por la legislación social. Como esta canasta de bienes de consumo no incluye la introducción de nuevos productos, el control del progreso técnico no es tan importante como fuente de poder de mercado. En consecuencia, en este sector las grandes empresas no tienen las mismas ventajas al competir con los capitalistas locales.

Considerando el sistema industrial como un todo, percibimos que las grandes empresas controlan las actividades que se basan fundamentalmente en el progreso técnico (las actividades en las cuales el flujo de nuevos productos es más intenso), a saber, la producción de bienes de consumo durables y equipos en general. El Estado tiene una importante participación en las industrias productoras de bienes intermedios, y los capitalistas locales controlan buena parte de las industrias productoras de bienes de consumo no durables. Además, las firmas locales operan, bajo contrato, como línea auxiliar de producción para las grandes empresas de actuación internacional y para las empresas estatales, agregando flexibilidad al sistema. Cierto, las mencionadas grandes empresas están pasando por un proceso de integración vertical, en ciertos sectores, absorbiendo firmas nacionales, y también están expandiéndose en importantes sectores de bienes de consumo no durables. La industria de géneros alimenticios bajo el control de esas grandes empresas está produciendo para los grupos de ingreso superior, introduciendo la miríada de productos que llenan los supermercados de los países ricos. Sin embargo, las líneas básicas del sistema son las presentadas más arriba, y podemos decir que los tres subsectores desempeñan papeles hasta cierto punto complementarios. Con todo, es importante recalcar que el dinamismo del sistema se basa en la intensidad de transmisión del progreso técnico, en la forma en que éste es concebido por las grandes empresas controladas desde el centro. En otras palabras: cuando el *costo de oportunidad* del progreso técnico es prácticamente cero para las subdisidiarias de esas empresas la tasa de crecimiento del sistema industrial tiende al máximo.

Dadas las características de la economía brasileña, formada por un mercado altamente diversificado pero de proporciones reducidas, y otro mercado relativamente grande pero con un grado de diversificación bajo, las industrias de bienes de consumo durables se benefician mucho más de las economías de escala que las industrias de bienes de consumo anteriormente existentes. En consecuencia, cuanto más concentrada se halla la distribución del ingreso, mayor es el efecto positivo para la tasa de crecimiento del PIB. De ese modo, la misma cantidad de dinero, cuando es consumida por personas ricas, contribuye más a una aceleración de la tasa del crecimiento del PIB que cuando es consumida por personas pobres. Supongamos que los bienes de consumo cuya demanda se encuentra en rápida expansión sean los automóviles: es muy probable que la construcción de la infraestructura no acompañe el crecimiento de la flota de automóviles y la eficiencia en el uso de los vehículos tienda a declinar. Esto significa más consumo de combustible y mayor número de reparaciones por kilómetro, como consecuencia de los embotellamienos de tránsito, etc. Todo eso también contribuirá a un aumento de la tasa de expansión del PIB. Podemos llevar más lejos este razonamiento. La concentración del ingreso crea la posibilidad de mayor discriminación de precios. En realidad, algunos detalles agregados a ciertos coches (nuevos modelos) permiten la ocurrencia del sobreprecio y la casi-renta así creada para el productor también contribuirá al incremento del PIB. En resumen, el desperdicio de recursos, mediante el consumo superfluo de una minoría rica, contribuye a la inflación de la tasa de crecimiento del PIB, y también puede "inflar" el prestigio de los gobernantes.

Otro factor que debe ser tomado en consideración es la tasa de aflujo de capital extranjero. Si el perfil de la demanda se ajusta a las necesidades de las grandes empresas, las posibilidades de movilizar recursos financieros en el exterior serán obviamente mayores. En realidad, las cosas no son tan simples, porque las perspectivas de la balanza de pagos dependen de otros factores vinculados a la capacidad de exportación prevista. Pero, si no se alteran los demás factores, si la tasa de utilidad de las grandes empresas es más alta, la entrada de capital extranjero será mayor, sumándose a los ahorros locales y dando flexibilidad a la economía, por lo menos a corto plazo.

Resumiendo: determinado perfil de demanda, que corresponde a una creciente concentración en la distribución del ingreso y a un creciente distanciamiento entre los niveles de consumo de la minoría rica y la masa de población, genera una composición de inversiones que tiende a maximizar la transferencia de progreso técnico a través de las grandes empresas, y a hacer crecer el aflujo de recursos extranjeros. Así, la política enfocada hacia la producción de ese perfil de demanda tenderá también a maximizar la expansión del PIB.

Dentro de este cuadro general, el gobierno brasileño ha procurado alcanzar cuatro objetivos básicos: *a*) fomentar y dirigir el proceso de concentración del ingreso (proceso éste inherente a las economías capitalistas subdesarrolladas en general) para beneficiar a los consumidores de bienes durables, es decir, a la minoría de la población con pautas de consumo semejantes a los de los países céntricos; *b*) asegurar un cierto nivel de transferencia de personas del sector de subsistencia a los sectores beneficiados por el salario mínimo legalmente garantizado; *c*) controlar el diferencial entre el salario mínimo garantizado por ley y el nivel de ingreso en el sector de subsistencia; durante seis años consecutivos, el gobierno logró reducir el nivel del salario mínimo real y hacer compatible la transferencia de personas del sector de subsistencia con un proceso intenso de concentración del ingreso; y *d*) subsidiar la exportación de bienes manufacturados, a fin de reducir la presión sobre los sectores productores de bienes de consumo no durables, cuya demanda crece lentamente, en razón de la concentración del ingreso, y también para mejorar la situación de la balanza de pagos.

Los objetivos mencionados en los artículos *b*) y *c*) son variables sociales instrumentales requeridas para manejar las tensiones sociales, originadas en el proceso de concentración del ingreso, especialmente cuando el salario real medio estaba declinando. La creación de nuevos empleos es un medio de reducir la carga de la población ya ocupada: si el número de dependientes por familia es grande, el número de personas remuneradas en cada familia puede aumentar, lo que hace más fácilmente aceptable la reducción de la tasa salarial. Además, esta política permite reducir el costo del trabajo para las grandes empresas, sin disminuir sus mercados respectivos.

La parte más compleja de esta política se refiere al proceso de estímulo y orientación de la concentración del ingreso. Para obtener el resultado deseado, el gobierno brasileño ha utilizado varios instrumentos, especialmente las políticas crediticia, fiscal y de ingreso.

El primer aumento de la demanda de bienes de consumo durables se originó de una rápida expansión del crédito a los consumidores, beneficiando a la clase media alta. La inflación resultante redujo el ingreso real de la masa de la población, liberando recursos para una política de inversiones públicas y, al mismo tiempo, ayudando a reducir los costos de producción de las empresas privadas. El aumento de la tasa de utilidad de las empresas productoras de bienes de consumo durables fue muy rápido, creando un impulso hacia la expansión de las inversiones privadas. Si consideramos el hecho de que las empresas productoras de bienes de consumo durable venían operando con un amplio margen de capacidad productiva ociosa, y que esas empresas obtienen sustanciosas economías dc escala durante la expansión, podemos fácilmente comprender el impulso de crecimiento ocurrido.

El nivel de utilidad extremadamente elevado y el *boom* de las inversiones, particularmente en el sector industrial que produce para la minoría privilegiada, abrieron las puertas a una política de distribución del ingreso favorable a los grupos superiores de la escala salarial, dado que la oferta de cuadros profesionales era relativamente inelástica. Esta situación, coincidiendo con una declinación del salario mínimo, engendró una extrema concentración de los ingresos no derivados de la propiedad. Una tendencia semejante se puede observar en el sector público. Sin embargo, fue a través de la política fiscal que el gobierno persiguió el objetivo más ambicioso de convertir en permanentes las nuevas estructuras. Variados y generosos incentivos fiscales fueron concedidos con miras de crear un grupo considerable de personas beneficiarias de rentas inmobiliarias dentro de la clase media. En realidad, cada contribuyente del impuesto a la renta (aproximadamente 5 por ciento de las familias) fue inducido a formar una cartera de inversiones como alternativa del pago de parte del impuesto debido. Los pobres, con una pesada carga de impuestos indirectos, están excluidos de ese privilegio. El objetivo aparente del gobierno al adoptar esas medidas es vincular el poder adquisitivo de la alta clase media al flujo más dinámico del ingreso: el flujo de utilidades. Desde este punto de vista particular pero importante se puede decir que el Brasil está engendrando un nuevo tipo de capitalismo, extremadamente dependiente de la apropiación y utilización del excedente para generar cierto tipo de gastos de consumo. Esto sólo puede ser obtenido a través de una acción decisiva por parte del Estado para forzar a las empresas a abrir su capital (lo que es particularmente difícil en el caso de las empresas controladas desde el centro) y a adoptar una política adecuada de distribución de dividendos. Otra alternativa sería la acumulación de una deuda pública creciente en manos de la alta clase media, cuyo flujo de intereses tendría que ser alimentado con recursos provenientes de un impuesto sobre las ganancias de esas empresas. Nunca una economía capitalista dependió tanto del Estado para articular la demanda con la oferta.

La característica más significativa del modelo brasileño es su tendencia estructural a excluir a la masa de la población de los beneficios de la acumulación y del progreso técnico. Así, la durabilidad del sistema se basa en gran medida en la capacidad de los grupos dirigentes para suprimir todas las formas de oposición que su carácter antisocial tiende a estimular.

CAPÍTULO IV

OBJETIVIDAD E ILUSIONISMO EN ECONOMÍA

La ciencia económica ejerce una considerable seducción en los espíritus gracias a la aparente exactitud de los métodos que utiliza. El economista, en general, trata de fenómenos que tienen una expresión cuantitativa y que, al menos en apariencia, pueden ser aislados de su contexto, es decir, pueden ser *analizados*. Ahora bien, el *análisis,* al identificar relaciones estables entre fenómenos, abre el camino a la *verificación* y a la *previsión* que son las características fundamentales del conocimiento científico en su más prestigiosa imagen. Particularmente en el mundo anglosajón, se entiende como *ciencia* el empleo del método científico, y este último es concebido en el sentido estricto de la aplicación del análisis matemático y, más recientemente, de la mecánica estadística Se comprende, por lo tanto, que hombres de valor como Hicks y Samuelson se hayan empeñado tanto en traducir todo lo que sabemos de la realidad económica al lenguaje del análisis matemático. No es por pedantería, como puede parecer, sino porque están convencidos, siguiendo a Stuart Mill, de la unidad metodológica de todas las ciencias; por lo tanto el progreso de la economía se hace en el sentido de una creciente aplicación del método científico, y éste tiene su paradigma en la ciencia física.

Sucede sin embargo, que el objeto del estudio de la economía no es de una naturaleza que permanezca idéntica a sí misma y sea totalmente exterior al hombre, como los objetos que estudian las ciencias naturales. Para que el precio del frijol fuera algo rigurosamente *objetivo* debería ser, como se enseña en los libros de texto, el resultado de la interacción de dos fuerzas, la demanda y la oferta, dotadas de existencia objetiva. Ése sería el caso, por ejemplo, si la oferta de frijol dependiera únicamente de la precipitación pluviométrica y su demanda de las necesidades fisiológicas de un grupo definido de personas. Pero la verdad es que la oferta del frijol está condicionada por una serie de factores *sociales* con una dimensión *histórica,* que van desde la manipulación del crédito para la financiación de stocks hasta el uso de presiones para importar o exportar el producto, sin hablar del control de los medios de transporte, al grado de monopolio de los mercados, etc. Del mismo modo, la demanda resulta de la interacción de una serie de fuerzas sociales, que van desde la distribución del ingreso hasta las posibilidades que tengan las personas de sobrevivir produciendo para su propia subsistencia. Cuando aplica el método analítico a ese fenómeno (el precio del frijol), el economista dice: constantes todos los demás factores, si aumenta la oferta del frijol, el precio de éste tiende a disminuir. Ahora bien, el aumento de la oferta también modifica otros factores, como el grado de endeudamiento para almacenaje, la presión para exportar, etc. La idea de que todo lo demás permanece constante, que es esencial para el uso del aparato analítico matemático (gracias a ese recurso metodológico, relaciones múltiples entre pares de variables pueden ser tratadas simultáneamente en forma de un sistema de ecuaciones diferenciales parciales), esa idea lleva a modificar el fenómeno económico en su naturaleza misma. Si la oferta empieza a aumentar, los compradores pueden anticipar aumentos mayores, bajando los precios mucho más de lo que se hubiera podido prever inicialmente. Así, la propia estructura del sistema puede modificarse como consecuencia de la acción de un factor. Es que toda decisión económica es parte de un conjunto de decisiones con importantes proyecciones en el tiempo. Esas decisiones encuentran su coherencia última en un *proyecto* que introduce un sentido unificador en la acción del agente. Aislar una decisión del conjunto dotado de sentido, que es el *proyecto* del agente, considerarla fuera del tiempo y luego agregarla a decisiones pertenecientes a otros proyectos, como si se tratara de elementos homogéneos, es algo fundamentalmente distinto de lo que en las ciencias naturales se considera aplicación legítima del método analítico.

Cuando se percibe esa diferencia epistemológica, se comprende sin dificultad que en economía el conocimiento científico, es decir, la posibilidad de verificar lo que se sabe y de utilizar el conocimiento para prever (y, por lo tanto, para actuar con mayor eficacia), no puede ser alcanzado dentro del cuadro metodológico en que viene actuando la llamada "economía positiva".

Esa conclusión se impone de manera aún más clara con respecto al análisis macroeconómico, que pretende explicar el comportamiento de un sistema económico nacional. En este caso, las definiciones de los conceptos y las categorías básicas del análisis están bajo la influencia directa de la visión inicial que tiene el economista del *proyecto* implícito en la vida social. Ésta se presenta como un *proceso,* es decir, como un conjunto de fenómenos en interacción que adquieren *sentido* (son inteligibles globalmente) cuando son observados diariamente. Esa percepción global del proceso social se obtiene principalmente mediante la observación de los agentes que controlan los principales centros de decisión, es decir, que ejercen *poder*. La existencia de un Estado facilita la identificación de las estructuras centrales de poder. Del mismo modo la concentración de poder económico (grandes empresas) y de la manipulación de la información (grandes cadenas de periódicos y estaciones de radio) facilitan la identificación de estructuras colaterales de poder. Es en torno a las decisiones emanadas de los centros principales de poder que se ordena el amplio proceso de la vida social. Ni siquiera el más ingenuo joven economista adoctrinado en Chicago cree hoy en el mito de la "soberanía" del consumidor como principio ordenador de la vida económica. Además, aun admitiendo la hipótesis de la soberanía ¿en qué basar la introducción del postulado de la homogeneidad, es decir, cómo sumar las preferencias de un millonario con las de un pobre que pasa hambre?

Las hipótesis globales, que confieren un sentido a la vida social, son el punto de partida de todo economista que define categorías de análisis macroeconómico. Y esas hipótesis globales son formuladas a partir de la observación del comportamiento de los agentes que controlan los centros principales del poder: no interesa saber si quienes los ejercen derivan su autoridad del consenso de las mayorías o de la simple represión; si el consenso de las mayorías resulta de la manipulación de la información o de la interacción de fuerzas sociales que se controlan mutuamente. En ese caso, interesa solamente señalar que los que mandan hablan en nombre de la colectividad. Cualesquiera que sean las motivaciones de quien legisla sobre impuestos, de quien decide dónde localizar una carretera o de quien resuelve si construir un hospital o un cuartel, las decisiones tomadas sobre esos asuntos condicionan la vida colectiva. Es cierto que el estudioso de la vida social podrá considerar que muchas de esas decisiones son *equivocadas,* es decir, incapaces de producir los resultados esperados por los agentes que las tomaron; o *inadecuadas,* vale decir, en desacuerdo con los *auténticos intereses sociales.* En uno y otro caso, el estudioso estará comparando medios con fines, lo que pone en claro el hecho de que es consciente de la existencia de un conjunto coherente de valores, sin lo cual no le sería posible *entender* (conferir sentido) a la vida social. Que el estudioso prefiera sus propios valores a los de los agentes que controlan el poder, no altera el fondo de la cuestión: es observando el comportamiento de los agentes que controlan los centros de decisión y de los que están en condiciones de oponerse y modificar los resultados buscados por aquellos que parte para captar el *sentido* del conjunto del proceso social.

Planteemos ese problema en un plano más concreto. Los economistas hablan frecuentemente de inversión o inversiones como de algo que no comporta mayores ambigüedades. "En toda política de desarrollo, cualquiera sea el sistema, un alto nivel de inversiones es siempre esencial." Es ésa una afirmación totalmente equivocada. Inversión es el proceso por el cual se aumenta la capacidad productiva mediante cierto costo social. Supongamos que el objetivo sea producir más bienestar social y que en la definición de bienestar se acuerde dar la prioridad más alta a la mejora de la dieta infantil, con el fin de obtener mejores condiciones eugénicas para el conjunto de la población. Ese objetivo puede ser alcanzado mucho más rápidamente reduciendo el consumo superfluo de las minorías privilegiadas (modificando la distribución del bienestar) que aumentando la inversión. Para el economista existe algo común a todo acto de inversión: la sustracción de recursos al consumo o la transferencia del acto de consumo de hoy para el futuro. "Sobre este punto estamos todos de acuerdo", diría el profesor de economía. Ahora bien, esa afirmación se basa en una falacia palmaria: la idea de que el consumo es una masa homogénea. Cuando me privo de una segunda botella de vino, sustraigo cincuenta cruceiros al consumo, que pueden ser utilizados para inversión; cuando un trabajador manual se ve obligado a reducir su ración de pan puede estar comprimiendo el nivel de calorías que absorbe por debajo de lo que necesita para cubrir el desgaste de un día de trabajo, lo cual a largo plazo puede reducir el número total de días que trabajará en su vida. El economista mide el valor del pan economizado, digamos de 2.5 cruceiros, y dirá: el ahorro extraído de 20 trabajadores equivale a la segunda botella de vino de que se privó el señor Furtado. Si el consumo no es una masa homogénea, tampoco puede serlo el ahorro, que se define como "recursos sustraídos al consumo presente". Y si el ahorro no es homogéneo ¿cómo podría serlo la inversión? ¿Cómo medir con la misma regla la inversión financiada con la reducción del pan de los trabajadores y la otra financiada con mi privación de una botella de vino?

Pasemos a la otra vaca sagrada de los economistas: el producto interno bruto (PIB). Ese concepto ambiguo, amalgama considerable de definiciones más o menos arbitrarias, se ha transformado en algo tan real para el hombre de la calle como lo fue el misterio de la Santísima Trinidad para los campesinos europeos de la Edad Media. Más ambiguo aún es el concepto de tasa de crecimiento del PIB.

¿Por qué ignorar, en la medición del PIB, el costo para la colectividad de la destrucción de los recursos naturales no renovables y de los suelos y selvas (difícilmente renovables)? ¿Por qué ignorar la contaminación de las aguas y la destrucción total de los peces en los ríos en que las fábricas arrojan sus residuos? Si el aumento de la tasa de crecimiento del PIB, es acompañado por la baja del salario real y ese salario se halla a nivel de subsistencia fisiológica, hay que admitir que estará habiendo un desgaste humano. Las estadísticas de mortalidad infantil y de expectativa de vida pueden traducir el fenómeno o no, pues siendo promedios nacionales anulan los sufrimientos de unos con los privilegios de otros.

En un país como el Brasil es suficiente con concentrar el ingreso (aumentar el consumo superfluo en términos relativos) para elevar la tasa de crecimiento del PIB. Esto porque, dado el bajo nivel medio de ingreso, sólo una minoría tiene acceso a los bienes de consumo durables y son las industrias de bienes durables las que más se benefician con las economías de escala. Así, dada una cierta tasa de inversión, si la demanda de automóviles crece más que la de tejidos (suponiendo que los gastos iniciales en los dos tipos de bienes sean idénticos) la tasa de crecimiento será mayor. En síntesis: cuanto más se concentra el ingreso, más privilegios se crean, mayor es el consumo superfluo, mayor será la tasa de crecimiento del PIB. En esta forma la contabilidad nacional puede transformarse en un laberinto de espejos, en el cual un ilusionista hábil puede obtener los efectos más deslumbrantes.

No se trata, evidentemente, de negar todo valor a esos conceptos ni de abandonarlos si no podemos sustituirlos por otros mejores. Se trata de conocer su exacta significación. La objetividad, en las ciencias sociales, se va obteniendo en la medida en que se hacen explícitos los fines y se identifican en los medios (los métodos e instrumentos de trabajo) lo que en ellos deriva necesariamente de los fines.

Como ese esfuerzo en el sentido de la explicación de los fines y de la identificación del condicionamiento de los métodos de trabajo por los valores implícitos en la selección de los problemas es responsabilidad directa del científico social, se puede afirmar que el avance de las ciencias sociales también depende del papel que en la sociedad se atribuyen y ejercen quienes estudian ciencias sociales. El progreso de esas ciencias no es independiente del avance del hombre en su capacidad de autocrítica y de autoafirmación. No debe sorprender, por lo tanto, que esas ciencias se degraden cuando declinan el ejercicio de la autocrítica y la conciencia de responsabilidad social.

impreso en editorial andrómeda, s. a.
av. año de juárez 226-local c/col. granjas san antonio
del. iztapalapa/09070 méxico, d. f.
un mil ejemplares y sobrantes
5 de junio de 1984

www.ingramcontent.com/pod-product-compliance
Ingram Content Group UK Ltd.
Pitfield, Milton Keynes, MK11 3LW, UK
UKHW041834190726
13854UKWH00002B/521

9 789682 302541